紹興大典
史部

乾隆餘姚志

2

中華書局

餘姚志卷十三

知餘姚縣事唐若瀛修

學校

學宮　在南城東南隅

舊志　文廟宋初在治西三百步慶歷中詔天下縣學士滿二百人並得立學姚令謝景初建之其制頗隘元豐元年邑人將仕郎莫當以私財市地與令黃鑄移學東南隅去治一里五十步其舊址東西廣二百八步南北八十八步今南北如故東西止四十六步通計六畝三分二釐開四衢於左右前後各廣三步以來四方學者前衢之南鑿泮池東西廣四丈一尺南北深四丈二尺

東衢之盡少南跨浦爲櫺星橋其西臨直街爲明倫
坊崇寧中置學長學諭直學齋長齋諭各一人生員
五十人建炎兵火獨廟學不燬紹興五年令徐端禮
七年令趙子潚並增治講堂齋舍十五年尉史浩建
射圃於泮池之南作二亭曰觀德曰繹志淳熙五年
令趙公豫重修慶元五年令施宿建直舍爲致齋考
之所又作外門垣墉咸淳九年令趙崇飭重修朝奉
黃震記咸淳九年冬金華趙侯爲餘姚宰修泮宮
成明年春走書屬震曰教化治道之大本庠序教化
之先務故董仲舒謂守令爲民師帥我朝立法守令
亦無不以學事繫銜學校非守令之責而誰責世降
以來爲令者苦財賦學事往往不暇省朝廷爲別設
官以主之令益得以諉其責學事反日益以壞如我

邑學廪歲收五百石有奇公厨至不舉烟學宮至老
且壓我爲此懼亟起而身任其事窒蠹節費捐俸以
倡學宮前序諸生繼捐廪給以助乃新禮殿增之欄
楯乃改兩序以便出入而繪從祀於夾廊使免喧褻
若儀門若講堂若齋廡下至庖湢垣墉壹是咸新先
賢祠昔之散處者今亦創一堂於東序而合之規模
顯設氣象宏大匪惟修舊殆且增飾今而後將與二
三子日講習於斯願子有以發其意震惟邑之以餘
姚名以其爲帝舜舊地也設學校以教人自帝舜命
契爲司徒始也舜之教人也使父子有親君臣有義
夫婦有别長幼有序朋友有信人之所以異於禽獸
家之所以和國之所以治皆不越此五者今之學即
古之學也今之教即古之教也今之不古若者何也
古無利祿之誘今利祿誘之也然利祿何足以誘吾
也人之窮達制於天而利祿之有無係於命不以求
而得不以不求而喪吾惟即父子而父子在所親即
君臣而君臣在所敬即夫婦即長幼即朋友而各盡
其所當然者於以從容乎義理之常而安行我平生
之素苟能此道而大者立矣則課試可也科舉可也
亦帝舜敷納以言之遺意未害其爲教也雖今猶古

也否則眞謂利祿可以求而得眞謂讀書可爲鈎致
利祿之具疲其神於肢辟之學窮其力於聲病之文
父子君臣夫婦長幼朋友五者之大倫反不知實踐
而無所愧則雖游於斯息於斯弦誦於斯口談義理
皆非其實亦胡取乎學校之教舜之所以始爲虞庠
者豈若是其然也侯今興學於舜之鄉亦惟以舜命
司徒之教人者教人人各以舜之所以教人者自勉
曰舜何人哉予何人哉則旂鸞戾止於魯僖有光矣
侯再書來曰是也願因以爲記遂書以遺之侯名
崇簡其政稱是邑人并祠之學必有紀其詳者云
德祐二年火元至元十四年令杜仲仁重建二十八
年廉訪使王俁按視建屋一百二十九間復置學職
縣陞爲州州守高慶仁張德珪李恭學正楊友仁累
修之〔黄溍新學詩序〕餘姚學正楊君請於府若州撤
廟學而新之余友彥實既爲作記歸美其守長
邦人士樂君之志有成而擬來者之弗嗣也復相與
播之聲詩以垂無窮之思焉昔者魯修泮宮孔子不

書而史克頌之蓋美其君而爲之師者弗與也何楊君之得於羣公者閎侈若是哉記春秋之所不書法之變歌詩人之所克頌情之不可已也情之不可已而至於法之變夫亦禮以義起者也凡龔斷之帑丹勳之麗紀詠備矣故余爲本詩春秋之旨系之末簡云

重紀至元二年復火守汪惟正劉紹賢重建（韓性記）餘姚爲縣時立學縣東南一里所按越郡志宋元豐中知縣事王鑄之所定也至元十三年歲在丙子燬於火縣尹杜仲仁創建焉縣陞爲州知州高慶仁等屢修葺之後六十年當至元二年閭里燬災學復燬知州汪侯惟正經始未就是歲十二月奉議大夫劉侯來知州事喟然歎曰罹火禍民舍如晨星州官署居不完力誠有不逮也惟學校之建風化之源長吏之職其可以緩劬勞殫慮爲邑人先章逢樂輸其有斤斧板築不絶聲明年十月學成禮殿尊崇講堂高朗門廡齋舍嚴邃蠲潔致敬有所鼓篋而來者如歸士民瞻仰嘆息美其規模之宏駭其成就之速乃相與謀勒文以承侯之績夫教學古所甚重也士不可以一日而廢學士之施教其可一日而廢哉學校教學

之所生也上庠下庠之制肇於有虞司徒之職典教之官雖設於上古之時著在聖經實是虞典始餘姚在東南以舜氏得名故自漢以來是邦名世之士若嚴子陵虞仲翔狎見於史傳元夫魁人近世爾盛豈非學校之功哉考重華於數千載之上茲學之建非獨爲州之所瞻仰而已侯名紹賢字艮爾浮海人便宜仲祿之孫也

至正八年守汪文璟增建養蒙齋成德齋文會堂東西二坊門爲屋八十八楹

汪文璟記至正八年冬十一月新建成德養蒙二齋及文會堂東西坊門八十有三楹既成會儒者及諸生以落之先是後至元丙子學燬於火幾盡知州汪侯惟正按其舊規剏而復之既而侯去繼其任者劉侯紹賢復爲西齋重廊以環屬倫堂之左右於是學制僃然而猶望二丁之會主祭之官相禮之士雜遝廊廡以爲期集更衣之所齋舍雖設隘陋淺逼不足以容學者況小學有師而大學弗置於教闕焉非所以長育人才大其所就之意至正六年四月文璟始至州既視事首謁夫子廟時學正徐君雙老儒者趙君珪等爲余言之於是以衆所推

鄭君彛趙君由浩主大小學事師道既立教養一新負笈而來者于于也方議廣齋舍築賓館以大其規會令下權息土木之役越二十年至於今而克成也嗚呼古之學者陋巷環堵而講道不輟固未嘗以所居之卑累動其心也然而泮宫之修魯人至形之歌詠蓋上之人鼓舞作興之典著於是焉況其隘陋而就寬廠其於藏修游息之所亦不可謂無助然則是役也詎容已哉夫守令者民之師帥也昔之爲師帥者躬行於上以端其本任賢取友以輔其教而後治化成風俗美若單父之彈琴武城之弦歌皆是物也文璟不敏豈能端本以稱師帥之任州之賢者幸而輔之庶幾誘掖作成感發興起以無負國家崇化育才之美意而有以繼言宓二子之躅此區區之心也若夫潛心大業孜孜不倦以要其成則誠有望於諸生之自勉云學正徐君雙老未幾以病去權其事者汪君焱大學訓導鄭君彝亦以憂去繼之者楊君燧

二十三年儒士黃顥以私財重修〔劉仁本記〕今天子巡浙江行省方平章國珍爵司徒保釐東藩之明年爲至正二十有二年司徒檄介弟國珉樞密副使分鎮越之餘姚州又

明年州之學宮修葺一新爰釋奠於先聖且落成之
其學官蔣履泰耆宿鄭彝持狀來請曰副樞密公既
鎮我邦伏謁先聖廟薾然就圮將圖繕修遂以規畫
命今都事葉某與前知州董完哲溥化學正鄭滂時
則有若儒士黃顯者在列願悉出己貲力輸土木之
工費一毫不假於官役既作知州王溶議復其戶稍
酬之而慕官毛承龍霖力勉成之禮殿門堂齋廡庖
舍以及垣墉黝堊之飾靡不堅緻具備厥功茂矣經
始於是年二月底就於今年正月願著於石以垂後
觀仁本載辭弗獲迺歷考學之廢興於往牒而識之
餘姚舊爲縣宋初有文宣王廟在縣西二百步迨元
豐間縣人莫將仕者割已貲買爽塏之地於舜江之
南一里所別剏新構又穿四道揭明倫之坊以來四
方之學者旣南渡建炎之變井邑遭燹而學宮巋然
獨存邑宰趙子潚革增葺於紹興初續施宿又復廣
之於慶元之末於是作人造士文教之興莫氏之後
有文清公叔光中書舍人子純皆擢高科顯任振名
當代入我國朝燬於德祐丙子旣而重建暨縣陞爲
州屢加修治而又燬於重紀至元丙子今所存者則
知州劉紹賢所建汪文璟所闢也顧茲兵興有事邊

鄮餘姚在虞守戒嚴之地而修重文教若此有非他郡縣所能企及也然余聞學校之設始於有虞之尊賢尚德自水土既平夏禹朝諸侯於會稽執玉帛者萬國餘姚獨先圄於禮樂衣冠之化漸仁摩義淪人骨髓詩書俎豆久而彌芳雖歷世亂離奔走靡爛而又弗即廢置此無他學校之政實繫人心關世教拯時溺爲甚重也　明降州爲縣改學官爲教諭一員訓導二員廩膳生二十員增廣生二十員附學生無定員洪武二年降臥碑制書三年六月頒鄉射禮儀永樂十一年教諭林觀是上言學壞詔有司修治中爲文廟（五閒高五丈有奇）祀先師孔子旁列四配十哲並爲王侯像祭器牲幣視號咸具嘉靖十年詔易像以主去其封爵改文廟曰先師廟　由廟甬路而南爲戟門（五閒）甬路

左右爲兩廡各十一閒嘉靖二年東廡壞知縣邱養浩重建廡之北東爲神厨西爲祭器庫各四閒戟門右爲鄉賢名宦二祠戟門之前爲欞星門三座臨於泮池池南少左爲射圃東西各深五十八步南廣九步北廣十步史浩二亭久廢嘉靖十四年推官陳讓作亭曰正己亭三閒今亦廢　廟之北爲明倫堂三閒堂南之左右爲進德齋爲修業齋各三閒皆宣德七年知縣黃維重建正德六年明倫堂壞知縣張瓚新之嘉靖九年作七箴碑亭於堂之北刻敬一箴五箴解　盡齋以南俱爲號房初十八閒後十二閒今廢皆正統四年知縣盧昶重建掖堂之右爲膳堂亦

祀重修按堂之左爲講堂景泰五年知縣詹源澤始建各三間今皆廢成化十年知縣劉規視永樂以來所建置署壞其所修復特多　由明倫堂甬道東折而南竝櫺星門之東爲儒學門正統七年教諭王懋改建初止一間廣爲三間萬歷間教諭錢允選又改爲樓　儒學門內折而東爲啓聖公祠三間嘉靖十三年知縣顧存仁以學倉舊址改建後有池有亭初爲宰牲亭十四年存仁改建爲鑑亭　其北爲教諭廨訓導廨一在進德齋北一在修業齋北各三間俱歲久就圮嘉靖十九年通判葉金新之今又圮　隆慶二年廟學圮知縣鄧

林喬重修萬歷十一年又圯知縣丁懋遜修

舊浙江省志餘姚縣學就圯

國朝順治九年知縣胥庭清修

舊志胥庭清記姚邑文學自明萬歷十一年知縣丁公懋遜重修之後迄今七十餘載歲月既深殿廡圯廢順治六年冬十月予受命視事謁文廟顧瞻左右由甬門至聖宮明倫堂兩廡廨舍之屬維見荒瓦頽榱衰凉滿目嗟乎天道人事之變固無窮極何以前有所承後無繼乎姚邑數罹兵火饑饉荐臻當此傷殘慘痛而議及於此未有不笑其迂且拙者然予以爲極敝之時正不能舍此親上死長之義而別爲理道於是銖銖而集之寸寸而進之寒暑三易心力既竭乃得聖廟重修倫堂再建東西二廡每廡十一楹西廡盡廢今補之儀門側新建齋盥二室東西齋舍既廢學師寓於民舍今重建齋各樓三楹廳事三楹更名敬治翟門人才濟濟咸歸教育經始於春落成於秋釋菜之日氣象一新庶幾告無罪於守土也

〔浙江通志〕康熙六年知縣潘雲桂重修二十九年大挹知縣康如璉教諭沈煜訓導方運昌協勸捐修煜獨捐貲修啓聖宮

〔黄宗羲南雷文定〕餘姚重修儒學記唐荆川王道思以爲漢之經術宋之道學其人才之成就皆師弟子私相授受無所與於學校此蓋有激之言以吾姚論之則大有不然自虞仲翔之易擅東南之美嗣起者代不乏人其出學校與否姑不具論元末明初經生學人習熟先儒之成說不異童子之述朱書家之臨帖天下汨没於支離章句之中虞康齋陳白沙稍見端倪而未臻美大聖神之域學脉幾乎絶矣高宗憲云薛文清吕涇野無甚透悟亦謂是也貞元之運融結於姚江之學校於是陽明先生出以心學教天下示之作聖之路馬醫夏畦皆可反身認取步趨唯諾無非太和真覺聖人去人不遠孟子曰人皆可以爲堯舜後之儒者唯其難視聖人或求之靜坐澄心或求之格物窮理或求之人生以上或求之察見端倪

遂使千年之遠億兆人之衆聖人絶響一二崛起之士又私爲不傳之秘至謂千五百年之閒天地亦是架漏過時人心亦是牽補度日是人皆不可爲堯舜矣非陽明亦孰雪此寃哉故孟子之言得陽明而益信今之學脈不絶衣被天下者皆吾姚江學校之功也是以三百年以來凡國家大節目必吾姚江學校之人出而揹定宋無遜之名修元史黃墀陳子方之自沉遜國宸濠之變死之者孫忠烈平之者王文成劉瑾竊政謝文正丙主彈章魏奄問鼎先忠端身殉社稷北都之亡施恭愍孰綏龍馭南都之亡孫熊伏劍海島其知効一官德合一君者不可勝數故姚江學校之盛衰關係天下之盛衰也先是廟學頹敗上兩旁風一宫之外皆爲茂草當事簿書之事勝於俎豆即有希樂卿爾貝文至使數十年之中人才寥落科名亦且天荒大懼寧無功罪子知陳有告國庠爲圖元輿憂道將陵恐使陽明闕里而頓悴於盛世乎晉中康侯如璉以經術爲吏治下車即爲此懼廣文沈君焜方君進出佐以精誠沈君以巳財首創啓聖宫康侯捐俸倡之田二尹守一繼之邵侯李公行部至姚嘉與是舉復加申勅士心雷動各捐有差諸生

董其役者徐景洵邵靖等謹刀布以索力搒鼛鼓以程工經始於二十八年二月落成於三十一年八月以義嘗學於舊史見屬爲記念陽明之學今時間有異同余嘗移書史館諸公不執已見慨然從之夫道一而已修於身爲道德形於言爲藝文見於用則爲事功名節豈若九流百家人自爲家莫適相通乎古之學貴於先師者必本其學之所自出非其師勿學也非其學勿祭也今天下窮國皆有學亦復有先師如陽明先生者乎陽明非吾姚所得私也天下皆學陽明之學志陽明之志使吾姚江之士溝猶瞀儒嚾嚾然不能效門室之辨有一陽明而不能有之不其恧歟諸君子振起以復盛時人物行將於廟學卜之矣

乾隆三年知縣趙預募修紳士陸烈呂輝祖吳濬徐燨沈元煇徐自俊等董其事歲久蝕於風潮兩廡及圜垣俱圮三十八年署縣徐尚文募捐五百金布政

司慮其勒派檄令停止是年秋知縣程明愫蒞任縣人知州施毓晔等具牘布政司請由紳士樂輸慎選董事不假手吏胥以課實效得報可董事徐均鄒建基翁會點施楠等監工繕修次年落成殿廡門閣繚牆規制整飭櫺星門外增二石坊釐正舊時射圃二橋儒學舊有東射圃橋西射圃橋後東射圃橋尚存而西射圃橋久爲顧某所占因捐貲贖歸儒學泮池外增樹屏牆　啓聖宮圮於水乾隆三十年諸生胡磐毛崧重建三十九年紳士增置前軒三楹繚以圍牆　文昌閣舊在儒學大門上明邵圭國朝毛奇齡俱有記後改稱魁星閣乾隆二十七年新建文昌閣於啓聖

宮西貢生張德輸百金爲倡諸生繼之四十二年張德復於閣下增甃石道　土地祠在文昌閣東偏舊在啓聖宮傍乾隆二十九年移建四十年重修　教諭署前爲堂三間在明倫東偏後爲樓三間在尊經閣之東　訓導署久廢乾隆三十三年訓導唐華募建屋五間東西廂房各二間

（知縣程明愫餘姚縣修學記畧）庠序學校所以明人倫倫明而民親非僅爲生徒肄業而設也癸巳秋余調蒞餘姚下車見學宮門牆傾圮兩廡蕩焉殿楹半屬朽蠹蓋自乾隆戊子後屢被風潮規模日壞余惻然思有以新之而慮造次未能集事也博諮士大夫則皆欣然輸助遂相率赴會城籲情方伯得報可於是申明規約諏日興工議簿籍僉董理節浮濫杜尅扣核勤惰明勸懲物必精良工必鞏固亦既秩然有

章已而猶以舉大木者必呼邪許爰謁余暨教諭邵君守仁訓導汪君師曾勸輸於四鄉乃轉相效勉爭先輸納至有身業農賈恥不得與橐錢數貫委之而去者何縣人勇於爲義若此哉今夫起精舍飾觀宇佞僊佛者好之里社報賽竿木角觝百戲競作徼福漁利之徒好之而皆不免於達人之哂至於崇修學校士大夫爲之提唱無不油然感翕然應者以是知倫理素具於人心莫謂今之不古若也經始於甲午年正月訖於乙未年十月凡殿廡門閣祠宇制唯由舊工悉從新復於欞星門外東西添設石坊周以木栅浚泮池圍以石欄池南增拓屏壁使往來行人均於壁外取道而規模更宏麗矣縣人請記於余余欽董事者之公勤及衆庶之樂輸以告後之善保護者

學田〇舊志學故有土田山林陂蕩凡八頃有奇宋乾道四年前縣尉史浩爲丞相守越市良田取其歲入以給鄉賢之後貧不能爲喪葬婚嫁者附於學謂之

義田田之課入屬之縣主簿給散屬之鄉賢士大夫及學官惟以養士不得移支慶元五年冬令施宿亦市田養士元州守李恭括田數百畝益學者廩餼泰定初守羅也速歹兒至正中守郭文煜皆清其侵占者邑人史華甫捐田五十二畝贍學

孫元蒙記餘姚爲越支壘異時爲縣國朝陞州設官五品以長之其政所施加於舊矣至正九年夏四月大梁郭侯以奉訓大夫來知州事仁聲惠政洋溢遠邇尤注意於學校首謁孔子廟陞明倫堂進諸老而問焉咸言學故有田歷年既久欺蔽日滋以故廩食不足春秋釋奠取給臨時稍食弗充教養失實將無以仰稱聖代右文之意侯喟然嘆曰此吾責也是不可以縱卽推擇儒士之公廉誠篤者分歷諸鄉履畝考覈或見侵於豪右或竊種於頑民或以磽易腴或以廣爲陿至是旣得其實皆按籍復舊及秋輸粟於倉庾無敢後者於是節其入以爲出裒其羨以備用凡祭祀之物營繕之須師生之廩稍莫不充然有餘

而非復曩時之弊矣侯慮夫久遠而復爲湮沒也則又編爲成數著爲定法刊之於梓俾凡隸儒籍者家喻戶曉更相察糾以絕欺弊其慮亦宏遠哉開元孝義二鄉有海漲塗田每歲亭民據之以專菰麥瓜蔬之利侯乃命吏疆理計二百四十有一畝悉以贍學助養士此則規措得宜而愜乎公論者也州治之南有史氏華甫宋太師浩之裔聞侯以興舉爲心慨然捐田五十有一畝歸之學會歲之入得米三十有五石此亦政化所及而發於良心者也夫既有以養矣則又延聘師儒增廣子弟員以廣其教考問學業以要其成侯侯之究心於學校嘉惠於諸生者甚至矣侯名文煜字彥達始以王邸說書授侍儀司典簿累選華要今知姚其政績多可紀姑述興學崇化之事　自庸爲楷法且鐫其籍於碑陰俾來者有所考焉

後歲久籍失止存二十畝三分矚萬歷三年以修理學宮餘銀置田五十二畝零三分陳有年記餘姚學故有田贍上若增置以備葺學則當新學之後六年李侯視事之四年也李侯之先鄧侯實首議論曰學所繇積圮坐費詘

又憫飲會故茲屬有公地可鬻得精手而新厥圮廢若異日何誠以所撙縮之廳市常稔田歲儲其入以時視葺贏且不竭學可永不敝議既畢協無何鄉侯內名去李侯乃竟成之國家右文作士窮徼下邑聲訓旁皇可謂綦隆然而諸觀庠校即俊國時有敝漶之嘆則何也天下之傳舍其官而日徼於簿書久矣簿書所不亟見謂闊遠而緩自怨陳有年曰學田何爲者也是碑教之郛廓也夫古王者立教則固有文實矣詩於王者之所重則雖提空文以爲之郛廓而不足以造士欲舉王者之所重而蔑置其郛廓不之理則所重者將無所寄而能行王教遂矣其實可考見其在身心可內揗而著且察也不得謂之終湮而今之日學日學田云者良大夫方後先而理之土方儒冠鼓篋游且贍於其閒也不得謂無郛廓可寄繇良大夫之舉以徵應國家右文之治而原本於王者之教之所重士不當如是耶鄧侯名林喬內江人李侯名時成蘄水人

二十七年援例納監田一百八十畝沒官田二畝二分零二十八年巡撫劉元霖市田一十九

畝二分零三十年邑人駱尚志捐田四十畝共置田
二百九十三畝八分零學山七十三畝零
乾隆四十三年知縣唐若瀛核實學田三百四畝八
分五釐三毫

田畝字號開後

羔字八百七十一號〇田一畝四釐五毫
羔字九百三十一號〇田一畝四釐五毫
羔字七百四十一號〇田三畝
羔字七百七十九號〇田四畝二分一釐
羔字五百八十二號〇田一畝三分六釐六毫
作字一千九百六十五號〇田二畝六分九釐九毫
作字一千九百六十六號〇田一畝二分八釐七毫
作字二千二百八十號〇田三畝一分三釐七毫五絲
作字二千一百十九號〇田一畝二分六釐五毫
作字一千五百四十五號〇田三畝一分
作字一千五百七十五號〇田一畝四分五釐

作字一千七百三十一號○田一畝一分
作字一千九百六號○田四畝二分三毫
作字一千五百五十號○田一畝五分八毫
作字二千二百七十九號○田一分四釐
作字二千一百八十七號○田一畝一分七釐
作字一千九百三十三號○田一畝一分一釐
作字二千二百七十七號○田五畝三分
作字一千八百七十四號○田四畝二分四釐五毫
闕字二十號○田四畝八分
闕字十五號○田一畝二分四釐
闕字二十號○田三畝
闕字二十號○田一畝三分
闕字三十號○田二畝三釐九毫
闕字一號○田一分
闕字二號○田一畝八分
悲字一百七十號○田一畝六分
悲字一百七十號○田一畝五分六釐六毫八絲七
忽
羽字一百九十一號○田一畝二分
羽字一千二百六十七號○田一畝五分五釐

羽字一千三百九十三號○田七分
羽字一千二百六十七號○田一畝四分二釐二毫
二絲五忽
羽字一千二百六十三號○田二畝一分九釐八毫
一絲六忽
羽字一千二百六十四號○田七分六釐
羽字一千一百五十一號○田九分一釐二毫五絲
羽字一千二百六十四號○田七分七釐
羽字一千二百六十五號○田七分四釐二毫五絲
羽字一百二十號○田三分
羽字一百二十一號○田六分
羽字一百二十二號○田一畝四分
羽字二百二十二號○田一畝一分七釐三毫六絲
五忽
羽字二百三十號○田六分
谷字二百二十六號○田二畝三分六釐五毫九絲
谷字二百二十七號○田二畝五分四釐五毫五絲
谷字六號○田四畝一分一釐
谷字二百二十三號○田一畝三分五釐六毫二絲
谷字二百二十三號○田一畝二釐

谷字三百三十三號○田一畝五分
谷字三百三十號○田五分
谷字三百二十九號○田一畝六分一釐
谷字四百二號○田二畝一分六釐六毫
谷字十九號○田三畝六分一釐一毫三絲
谷字二十號○田三畝三分五釐二毫三絲
谷字三百四十一號○田五分八釐八絲三忽
谷字三百四十一號又田五分八釐八絲三忽
谷字三百八十號○田三分五釐五毫
谷字三百八十號○田一分七釐七毫一絲
谷字四百九號○田五分
谷字一百七十一號○田五分
谷字四百二十號○田一畝九分七釐八毫九絲
谷字三百八十號○田三分五釐五毫
谷字四百二十四號○田一畝一分一釐二毫一絲
谷字四百三十號○田一畝三釐一毫二絲五忽
谷字三百八十號○三分五釐五毫
谷字三百五號○田二畝七釐五毫六忽
谷字三百九號○田二畝一分一釐四毫三絲三忽
谷字二百八十號○田一畝一分五釐七毫二絲五

忽

谷字二百八十三號○田一畝四分九釐九毫一絲

谷字一百七十三號○田二畝二分一釐六毫四絲

谷字二十二號○田二畝八分八毫二絲三忽

谷字二十四號○田三畝三分四釐三毫一絲四忽

谷字二十五號○田一畝五分四釐一毫

谷字三百六號○田二畝八分七毫

谷字四百三號○田二畝八分一釐八毫

谷字一百七十四號○田一畝三分七釐七毫七絲

谷字四百四號○田一畝二分八釐六毫

堂字三百五十三號○田四畝五分七釐一毫

堂字四百一號○田二畝六分八釐六毫五絲

附虛字二十九號○田五釐

堂字四百一號○田二畝六分八釐六毫五絲

附虛字二十九號○田五釐

堂字四百二號○田二畝六分七釐七毫五絲

附虛字二十九號○田五釐

堂字四百二號○田二畝六分七釐七毫五絲

附虛字二十九號○田五釐

附虛字三十六號○田一畝七分九釐六毫七絲五

忽
附虛字三十六號又田一畝七分九釐六毫七絲五
忽
堂字三百九十四號○田三畝一分三釐
堂字二百九十一號○田一畝二分七釐七毫五絲
堂字三百九十五號○田五畝八分五釐一毫
堂字三百六十八號○田四釐四毫二忽
堂字三百九十七號○田二畝六分一釐六毫五絲
堂字三百八十九號○田四分五釐四毫五絲
堂字三百九十四號○田五分六釐六絲
堂字三百九十五號○田三畝
堂字三百九十八號○田六分四釐六毫
堂字三百八十六號○田七分四釐一毫
堂字三百九十一號○田三畝二分
堂字三百二十九號○田四畝二分
堂字三百九十號○田一畝八分
堂字一百五十一號○田二畝
壁字三百十五號○田一分八釐九毫
壁字三百十二號○田一釐五毫
商字二百八十二號○田四畝二分九釐一毫七絲

三忽
商字二百九十五號○田四分三釐七毫三絲五忽
商字二百八十六號○田二畝四分一釐六毫
商字二百九十五號又田四分三釐七毫三絲五忽
商字二百八十六號又田二畝四分一釐六毫
商字二百九十六號○田三分八釐
商字二百八十四號○田一畝七分六釐九毫八絲
商字二百八十四號○田八分八釐四毫九絲
商字二百九十六號○田三釐
商字三百十二號○田四畝五釐八毫
商字二百九十六號○田二分九釐二毫七絲八忽
商字二百八十二號○田一畝四分三釐五絲七忽
商字二百九十五號○田二畝九分六釐二毫五絲
商字三百三號○田一畝三釐
商字二百五十九號○田九分八釐
商字二百五十九號○田一畝九分七釐八毫六絲
商字二百八十五號○田二畝三分九釐四毫
商字二百六十五號○田二畝七分八釐二毫
商字二百九十六號○田二分九釐二毫七絲七忽
商字三百三號○田一畝三釐

商字三百八十五號○田二畝三分九釐四毫
商字三百八十號○田一畝八分三釐三毫
商字二百八十一號○田一畝八分七釐六毫二絲
商字二百六十五號又田二畝七分八釐二毫
商字三百八十二號○田二畝五分七釐五毫八絲
商字二百九十六號○田九釐
四字五百二十五號○田二畝九分九釐
四字五百二十九號○田二畝九分七毫
四字四百五十四號○田四畝二分二釐七毫
四字五百五十三號○田二畝
身字四百八十三號○田四畝三分五釐
附慮字三十六號○田三畝五分九釐三毫五絲
身字九百七十號○田三畝六釐三毫
身字三十號○田二畝八分
履字六百七十七號○田七分九釐三毫六絲八忽
履字六百八十一號○田四畝八分三釐六絲八忽
履字六百八十二號○田三畝二分
履字六百八十二號○田二畝四分五釐一絲五忽
履字五百六十三號○田二畝一分二釐六毫
臨字一百七十九號○田二畝四分二釐八毫五忽

臨字一百四十四號○田三分

臨字一百四十七號○田一畝三分七釐五毫一絲

臨字一百七十九號○田二畝四分二釐八毫五忽

臨字一百四十四號又田三分

臨字一百四十七號又田一畝三分七釐五毫一絲

深字二百三十七號○田二畝九分三釐四毫

深字二百七十五號○田三畝七分九釐九毫

深字一百四號○田一畝一分三釐

深字三百十八號○田一畝二分三釐

深字二百七十二號○田一畝七分六釐三毫六絲

深字二百七十三號○田四分七釐三毫二絲

深字二百七十四號○田一畝四分四釐九毫五絲

盈字一千三百號○田一畝三分六釐五毫

致字一千七百十號○田二畝五分五毫

被字一千一百十一號○田一畝一分三釐二毫六絲

被字一千一百十號○田四畝五分二釐八毫二絲四忽

被字一百三號○田三畝四分九釐八毫

被字七百十六號○田三畝四分六釐八毫三絲

被字七百三十九號○田二畝二分八釐七毫八絲三忽

被字七百五十四號○田二畝

被字一千二百五十七號○田八分三釐一毫

以上共田三百四畝八分五釐三毫

案學田佔佃已久歲僅徵租銀七十五兩一錢八釐余適量移未及清理以俟後之官斯土者

姚江書院○浙江通志崇正十二年縣人沈國模史孝咸講學於半霖因建義學旋改爲姚江書院

國朝康熙四十一年改建於南城東南隅

乾隆三十八年重修

邵廷采姚江書院記廷采少時侍王父魯公先生講學城南始識所謂姚江書院者先是正德嘉靖閒文

成王公倡明正學高達之士風趨景從而邑中徐日仁錢緒山兩先生實羽翼先後文成沒弟子所在爲立書院按陽明書院之在宇內者七十二而浙中居其六餘姚則龍泉有中天閣故爲緒山講學之所而書院未有聞者豈傳之近且真有其實固不必事其名歟崇正中沈聘君國模管徵君宗聖史隱君孝咸文學孝復篤志聖學捐其舉業從事於此因雙鴈里半霖沈氏宅擘營義學蒸邑中士有志節者寢食其中月季小大會德行言語政事文學俊彥咸在目擊心喻直從文成溯洙泗逮濂洛朱陸異同並收期於躬行有所得力而已義學之制前爲堂奉先師孔子洎四配後爲樓奉文成洎同里親炙私淑諸賢易像爲主遵祀典也不偏奉先賢先儒宗其近黨塾不敢並文廟也其諸門廡講舍一切草創則時與力有不暇務作人明道而不汲汲於觀美粉飾用俟後之人增長而光大之始建歲在己卯越二十年丁酉重修乃額名姚江書院云初郡城蕺山劉子石梁陶公會講證人社姚江崎起往復相和天下學者稱越中證人社和靖姚江祀文成皆其地講學之祖推揚餘徵郡邑八士斐然各有成就劉子既殉國而四先生亦

守肥遯隱然金華處士之風嗚呼遲會有晦明道之在其人豈不偉歟四先生沒繼之者韓氏孔當郃氏元長兪氏長民史氏標韓氏弟子徐君景范康熙己酉聞韓氏講學城隅士風大振自是少降矣近年院屋多圮舊人盡亡後生希見當年教澤之盛可嘆也歲庚午安邑康侯來宰餘姚既大新學宮復募完葺書院侯出其祿修先師堂月吉親詣縉紳大夫濟濟蒸蒸小子譽髦歌趨以和者人聚觀莫不愴泣方迎新主鳩工度後樓秋大潦饑工輟會明年侯去院弟子請於新令冀更修之竟未有緒也有撓其議者曰既作泮宮書院宜後夫書院輔學校宋以來有之自帖括義興學校之設名存實微若夫求論幾深微衆日用動靜有養德藝不遺其人其學多出書院書院得人皆學校光大成已成物紹往哲開來者不在上則在下不在父兄先生在其子弟當仁不讓此吾黨責也況諸先生經始養士之意其惡可沒因感慨欷歔爲誌其興替如此〔姚江書院後記〕往讀易至山風之卦其象曰終則有始天行也元亨而天下治其象曰君子以振民育德振取諸風育取諸山山風位乖則取諸蠱蠱必有事有事而後可大故受之以臨以

觀物大中正下觀而化煥然更始民物一新雖天行豈不以其人哉康熙辛未黃岡韋公來牢餘姚大開義學延邑中士稽論文藝月季親詣臨之簡不率者而登其率者邑人史孝廉在官邵孝廉焻蘇進士滋怵偕同志數十輩進而請曰是藝也必求諸道道成而上上而爲陽明爲朱爲程爲孔顏曾孟陽明故姚江前哲特有書院祠焉其前堂仍奉孔子四配如學宮例大居正一統不得有同異也況管史諸先生於此擇焉已精興養作人精神不可埋沒今明府以樂正四術之教迪我人士盍即幷移義學於書院斯實守光待後可傳百世公曰書院在城南濕下旁居人稠處木朽且折吾聞承敝者利用革幹父者戒用裕欲更書院於城中爽塏何如皆應曰願如公命於是公捐兩歲俸買角聲苑出佛像遷主有日而公用事解篆去羣議多惜公已而共慨然曰此一事足公不朽矣公不以去畱易意手書輒趣院事時邵蘇二子相繼沒其子弟及司院者亟董成之四方來襄役者甚衆請於新刺府楊公曰非公不能成韋公之志楊公敦厲多士噓姚江之蘊火而復燃遂奉先師神主至陽明迄於同門私淑肇營前院者成入角聲苑故

題角聲苑爲姚江書院乃大名工起前庭廊後樓旁立學舍致其故瓦棟楹檻之量可裁用者而益市買其新者角聲苑直新城東南門夾右與水北注學宫地當文明以備易壘嘉運參會合於先甲三日之義自此姚江人士既有其地當講其學務追千聖一傳磨砥躬行無徒剽竊良知口說爲也夫學者天下爲公哲愚同歸自生民以來未有奇詭非一邑之事一先生私授矣韋公在杭州聞其事而心怡之遺書楊公拜成而命廷采爲記是歲壬午康熙四十一年其遷日十月乙酉也

姚江書院田畝字號開後

詩字一百九十一號○田三畝一分四毫

詩字二百五十七號○田四畝二分四厘九絲

詩字二百五十九號○田六畝三分五厘九毫一絲

詩字二百六十九號○田二畝七分二厘六毫五絲

詩字二百七十號○田四畝五分七厘八毫

詩字二百七十一號○田四畝五分四毫五絲

詩字二百七十二號○田二畝七分五厘五毫

興字六百六十九號○田二畝五分八毫

興字七百一號○田七分六厘一毫

與字七百四號○田二畝四分八厘五毫三絲
當字二百六號○田二畝七分
以上共田三十六畝七分二厘二毫三絲
與字七百五號○地二分六厘八毫三絲
案姚江書院地不止一號適余調任錢塘未及細查

龍山書院　在龍泉山舊爲中天閣後廢爲菴乾隆二十四年知縣劉長城建爲書院每歲延師課士

學政李因培新建龍山書院碑記畧餘姚爲浙東望縣龍泉山又一邑之望環山之陽作廟翼翼以祀其鄉先哲謝文正孫忠烈諸公最上爲王文成祠諸生歲時習禮其間循祠而下數武方廣二畝許繚以周垣高甍巨桶則邑侯澧水劉君長城所建龍山書院也余及門李生祖惠適爲之山長爲考其舊址爲中天閣故文成講學之地後廢爲尼寺劉侯入其人而斥其居以建書院猶不足則鑿山而夸之視舊址加

倍架樓數楹下爲講堂諸生肄業樓上下及左右翼得方丈之室三十有奇稍西爲屋三間山長所偃息也又直東五楹爲諸生庖湢經始於己卯二月落成於庚辰正月其財用皆出自劉侯廉俸與都人士所樂輸云歲三月余試明州還過餘姚登龍泉山拜文成祠爰憩書院升其樓則江山之麗城郭人民之稠密田疇竹木之參差數十里無屏翳者諸生有講習於文成良知之學者乎高明廣大証諸目前而可與起矣姚邑舊有兩書院曰姚江在縣東南隅曰信成濵剡江地卑溼圮於水潦劉侯擇其椽桷甎級之可用者遷高明爽塏之地以追曩昔絃歌之盛鐘鏞再奐非所稱屬民以道者歟劉侯庶幾知道者余又喜李生之道之得行於餘姚也

龍山書院田畝字號開後

悲字二百四十號○田三畝二分三釐一毫二絲五忽

悲字二百五十六號○田一畝六分九釐一毫六絲六忽

悲字二百四十五號○田六分八釐

悲字二百四十二號○田八分六釐六毫

悲字二百四十三號○田七分五釐

悲字二百五十號○田一畝四毫六絲六忽
悲字二百七十二號○田二分一釐八毫七絲五忽
悲字二百四十七號○田六釐
悲字二百八十二號○田八分
悲字七百三十二號○田一畝四釐四毫二絲
悲字七百二十四號○田二畝三分七釐六毫
羔字六百五十六號○田三畝四釐六毫五絲
羊字九百九十二號○田八分九釐
羊字九百十七號○田一畝四分四釐
羊字九百五十二號○田八分七釐二毫
羊字九百三十二號○田一畝三分一釐一毫
羊字九百四十四號○田二畝五分八釐
羊字九百四十八號○田五分一釐四毫
羊字九百五十號○田三分八釐五毫
羊字九百九十三號○田七釐二毫五絲
羊字九百五十四號○田一分七釐三絲三忽
羊字九百五十五號○田二分八釐六毫七絲五忽
羊字九百五十六號○田三分六釐五毫二絲
羊字九百五十一號○田三分五釐
羊字九百五十二號○田二分五釐二絲

羊字九百五十二號○田五分二毫三絲
羊字九百五十八號○田一畝九分九釐二毫七絲
羊字九百五十八號○田二畝
羊字九百六十號○田一畝四分五釐八毫三絲
忽
羊字八百九十一號○田一畝五釐
羊字一千六百八十五號○田二分九釐五毫
力字二百一號○田一畝二分八釐六毫四絲
力字二百六號○田九分八釐五毫
力字二百一十二號○田一畝四釐二毫
力字二十號○田四分七釐九毫九絲
力字一百三號○田三分六釐六毫六絲
力字一百六號○田五分八釐一毫三絲
力字一百十四號○田七分四釐三毫三絲
力字一百十九號○田一畝八釐七毫
力字一百三十一號○田一分八釐六毫五絲
力字一百四十五號○田一畝一分五毫七絲
力字一百九十一號○田一畝一釐八毫九絲
力字一百九十二號○田四分八毫
力字一百九十三號○田七分三釐五毫五絲二忽

師字二千五百七十六號○田八分四釐四毫

師字二千五百十七號○田一畝三分八釐一毫

師字二千六百四號○田二畝七分四釐二毫

師字二千六百六號○田二畝七分七釐一毫三絲

師字二千六百十八號○田七分八釐八毫七絲五

忽

師字二千六百十九號○田三分三釐

師字二千五百七十八號○田七分九釐

師字二千五百七十九號○田八分三釐五毫

師字二千六百八號○田一分六釐五絲

師字二千六百十號○田三分七釐五毫

師字二千六百二十一號○田二畝七分五釐

師字二千五百八十號○田六分五毫三絲

師字二千五百八十一號○田四分五毫九絲

師字二千五百八十二號○田三分四毫二絲

師字二千六百十三號○田一畝一分六釐八毫

師字二千六百十四號○田二分八釐八毫三絲

師字二千六百二十二號○田三分一釐六毫六絲

四忽

師字二千五百八十四號○田三畝七分五釐五毫

三絲五忽

師字二千五百八十五號○田二畝五分一釐六毫三絲五忽

師字二千六百十五號○田一畝二分二釐七毫一絲

師字二千六百十六號○田五畝一分六釐七毫

師字二千六百二十三號○田一畝五分八釐一毫二絲

師字一千五百七十九號○蕩二分

駒字三百四十九號○田九分三毫三絲七忽

駒字三百五十號○田一畝二分五釐二毫七絲一忽

駒字二百九十八號○田二分九釐九毫六絲六忽

駒字四百三十九號○田二畝五分一釐八毫七絲五忽

駒字二十號○田六分三釐四毫一絲六忽

駒字三百七十三號○田三畝九分六釐五毫九絲五忽

駒字三百六十四號○田九分二釐八絲三忽

駒字一百九十號○田一分二釐一毫

駒字一百九十四號○田四分五釐八毫

駒字四百十五號○田四分
駒字三百八十三號○田二畝二釐一毫二絲五忽
駒字四百五十一號○田一畝五分七釐七毫四絲
六忽
駒字三百二十五號○田一畝五分
駒字三百三十三號○田二畝四分八釐五毫
王字六百三十三號○田八分七釐四毫
王字二百二號○田一畝八分四毫七絲
王字二百三號○田一畝二分二釐三毫九絲六忽
被字一百六十九號○田一畝四分四釐四毫四忽
被字一百五十七號○田二畝六釐五毫二絲一忽
被字一百六十四號○田一畝三分二釐三毫一絲
被字二百七號○田一畝九分三釐四忽
竹字五百十八號○田一畝七分一釐一毫四絲五
忽
松字九十二號○地四畝四分八釐四毫三絲七忽
松字九十三號○地一畝二分三釐八毫
君字一百七十四號○田六分四毫
君字一百八十號○田二分
君字一百七十九號○田四分五釐

君字六百二十號○田九分四釐七毫三絲二忽
君字一百八十二號○地五分五釐
君字一百八十三號○地七分
君字一百十三號○地七分五釐
君字二百八十四號○地三畝七分九釐
君字一百八十二號○地三分
事字六百十九號○田一畝四分九釐四毫
事字六百二十號○田九分四釐三毫
當字一千二百四十七號○田一畝
敬字一千四百五十九號○田二畝
有字七百四十二號○田六畝七分七釐八毫七絲
因字　號○共地一十四畝
永福菴丈出路門餘地五畝
山五畝
皇字一千七百四十三號○田二畝五釐八毫三絲
皇字一千七百四十四號○田五分六釐八毫七絲
五忽
皇字一千七百四十六號○田一畝九分八釐四毫
皇字一千七百四十六號○田八分六釐五絲八忽
皇字二千七十三號○地五分

皇字二千七十五號○地四畝五分
皇字二千七十九號○地七分
以上共田一百二十七畝五分三釐四絲六忽
地三十七畝三分二釐二毫三絲七忽
山五畝　蕩二分

社學○舊志洪武八年四隅三十五都各建學一所

義學○舊志宋呂次姚建於東北隅明黃伯川建於

通德鄉

按社學義學今俱廢

附廢書院

高節書院○舊志在客星山嚴子陵墓左先是宋嘉

定十七年郡守汪綱於墓左建高風閣其下爲遂高亭綵風亭蒼雲亭咸淳七年沿海制置使劉黻邑人何林請即其所爲書院本范文正記語名曰高節前爲夫子祠後爲夫子燕居爲義悦堂爲思賢堂旁列剛毅木訥四齋元大德三年州守張德珪重修別建大成殿殿後爲夫子祠東西夾室祀鄉賢至正八年州守汪文璟重修作儀門創懷仁輔義尚道著德四齋凡祀事以山長一人領之明罷山長洪武中千戶劉巧住營三山所演武聽取用書院材料遂就湮廢

胡助重建高節書院記　高節書院者嚴子陵先生之祠也先生釣嚴陵嚴陵祠之矣餘姚其鄉里也而墳

墓實在焉顧可反無祠乎謹按史傳先生諱光會稽餘姚人少與光武同學既光武即位變姓名隱去遣使往聘三而後至然不屈往畊富春山卒而歸葬餘姚之陳山宋咸淳中沿海制置使劉公黻即墓下建書院祠焉表之曰高節蓋本范文正公記先生桐江祠堂之語國朝元貞大德以來雖更創治逮至正間已棟傾柱朽矣三衢汪侯文璟來守餘姚既奠謁即欲撤而新之於是首捐俸以倡僚佐士民聞者爭助其費會令下權息土木故遲之越二年乃拓舊址前出數百步因其高下爲儀門夫子殿懷仁輔義尙道著德四齋甃以石級夾以峻廊重修夫子舊殿以祀先生復義悅堂爲講會之所新清風閣以極遊覽之勝垣墉丹雘之功靡不畢備於是祠廟一新山川亦與有榮焉經始於至正六年八月五日明年七月既望落成董其役者權山長鈴山州教授楊瑛任簿書出納之計者州司吏胡彥壽也汪侯遺書屬金華胡助曰願記之蓋助嘗與侯同左史事於朝而嚴先生之節又所樂道焉者乃不以衰老荒落辭輒復之曰維先生出處去就世莫能窺鴻飛龍臥隱然爲世道重竊嘗謂其非果於忘世者耳方王莽篡竊之際四

海横流生民塗炭三綱淪九法斁先生以名節自任力挽而恢復之此其用志成功何如邪或者乃以方諸雲臺要非知輕重者請先生夷齊之流而同其功庶幾近之盍夷齊不食周粟師百世而未艾先生不屈光武化東都而淸風至今猶存雲臺諸人果若是班乎其繫屬天下後世贍仰衆矣而於鄉里尤勤勤焉宜江侯作新其故山之祠也侯起家進士始佐此州有聞入翰苑著名會朝廷舉守令而侯實再至焉非其尙賢敦化深於長民之道者無能爲是役也助旣爲之記又作詩使併刻諸不祀先生則歆以侑觴云其詩曰姚江泱泱兮釣游之鄉陳山蒼蒼兮衣冠之藏先生之風兮齊聖先生之節兮高萬乘神無不在兮水行地中潮生潮落兮道無終窮祠廟新兮肇艮牧客星炳貫林谷春有芝兮秋有菊荐寒泉兮歆招隱之曲先生歸來兮白雲滿山繼自今兮立懦而廉頑

（陶安高節書院記畧）高節書院奉子陵嚴先生祠在餘姚州東北十五里重山環谷巒飛峙躍邃林豐草蒼翠聪目書院乘山腰隨地勢前低後崇葺理嚴潔門屋四楹中建大成殿兩翼翅廡殿後爲子陵祠塐衣冠像祠東西屋列秩鄉賢祠下左右爲四齋講

堂因楹居祠後漢書逸民傳稱先生會稽餘姚人耕於富春釣於嚴瀨年八十終於家今其墓在書院右蓋書院因墓而立以祀先生也登墓道上東望山四處如吻仰張天日晴朗四外隱隱見海初予以職在長教奉祠欲即書院齋居訓徒上類咸謂山谷荒寂不可居時老儒趙君璋與圓智長老乘鐵舟善勸掃一室留余有法性寺住持曰白雲者頗慧能文章每訪余聽談易未幾浙東西學者踵至僧舍隘不能容遷姚江北官舍每朔望向晨肩輿赴書院率士子拜謁具饌而退春秋上丁前期詣祠下行事余每往書院則出郭循田間小路行十里許有石梁跨溪水溪陰有緣麓亭以先生嘗釣遊焉故名循溪緣山有石砌闊三尺而修曲過三里當路有石基方可八丈苺蘚斑斑昔人建亭摘雲山蒼蒼之歌名蒼雲亭又二里石路盡遂登山由土徑崎嶇盤折抵書院陰兩徑輒泥淖或阻潦水行者告病時新用直學潘國寶者年少好學與其二弟咸來從遊以錢五百緡修甃余拒不受因諷其甃土陘潘生慨然出錢買石壤於陘而甃之下接石路上徹院門環舍茂樹尤多楊梅學產歲利供朔望丁祀教官得祿強半余始視事當癸

巳九月二日所與交者前守郭彥達省椽李元中教官程邦民學正劉中可及士人仕者劉彥質鄭學可李文衍楊季常暨其弟元度趙維翰宋無逸維翰君璋子也文士則鄭元秉趙養直帥史王國臣清史高仲寶方外則四明山宮主茅石田餘所識不悉載

書院奉祀養士之費劉徽括慶元府莊米二百石定海縣田一百八十畝以充之其後郭文煜金止善竝覈新舊之田得八百畝有奇土人童祥王妙真亦各劃產以贈〔宋信增地記〕國朝於天下祠學所謂書院者例設官置師弟子員與州學等常詣有司以開田隙地係於官者歸之學院以贍廪稍之不足然仕於州縣者往往局於米鹽獄訟之煩能致意學校以應明詔者蓋少矣至正九年夏河南郭公來守餘姚既於孔子廟學究其事力之所至矣復以州有先賢祠學曰高節書院者乃漢嚴子陵先生耶墓所在而建者焉先生之風誠范文正公所謂大有功於名教者故縉紳大夫即其墓所建祠立學以致褒

崇之意公又慮其田租之入尚薄不足贍學士於是爲覈雲柯海濵之地得四百十有六畝繼覈汝仇湖田又得四十有五畝悉以歸之高節之建始自宋咸淳中沿海制置使劉公黻至今八十有餘載矣守是邦而圖增其產者前後僅數人郭公又士論之所歸者山長應君仲珍前攝書院劉君彥質謀刻石記實祈文於余余因嘆而言曰三代學校之法莫備於成周成周之時民皆百畝其田於其入學之費必有以自給故學官養士之法獨無聞焉後世貧富不均士之力於學者勢不能兼農工商賈而多阨於貧窶今聚而處之學院於其口體有所養矣然自學者而言則心志之養尤不可缺養其心志而無僞焉雖併日不食亦不能病其所學者矣范文正公之讀書南都學舍往往饘粥不充日昃始食亦嘗有廩稍之賴乎至其爲治則記嚴先生之祠固以廉貪立懦爲言考范公之志閒嚴先生之風士之肄業於斯者亦可以自勵矣以況郭公之能致意廩稍而內外得以兼養士亦何憚而不進於聖賢乎予既服公之爲人又重應君之請注此說以勉夫學於斯者郭公名煜字彥達嘗仕於朝有聲矣其爲是邦治行甚優當有論著

怡偲書院。〈舊志〉在四明鄉宋修職郎孫一元建別有文會之所日爐溪文社今廢

古靈書院。〈舊志〉在治北屯山之陽今廢至正二十二年餘姚州作古靈書院成孟春上丁行釋奠禮迺航海來京屬汝南危素爲之記古靈臺者宋樞密直學士知通進銀臺司兼侍讀判尚書都省累贈少師陳公襄所居之里也其地在福之侯官而書院作於餘姚者何蓋公嘗知明州餘姚其隣境也故子孫散處燭湖之上嶼日大陳且百餘年矣十二世孫江浙行省左右司員外郎履常適以王事由天台抵餘姚因與大成族人源卽屯山之陽作家塾以奉先聖先師并祀公焉買田百五十餘畝以贍其費聘名師以教子弟知州董完哲溥化爲之請建書院監察覈其實遂上其事於朝惟公文章功業載在史冊天下後世所共知之亦何俟乎鋪張贊述而後振耀於耳目也公之所以得顯祀於此者其扶名教表章經術非特立獨行自信不惑能如是乎當是時學者沉溺於雕琢之文

孟氏之學不傳程周之說未著所謂知天盡性相率指爲迂闊而莫之講同志陳烈周希孟鄭穆始相與倡道於海隅聞者亦笑以驚守之弗變卒從而化號爲四先生云

案以上三書院在明初已廢

復初書院　在勝歸山

豐樂書院　在龍泉山

案二書院今無基址疑當時議建事未及行

信成書院　舊爲劒江菴乾隆九年知縣蔣允焄改建書院後圮於水二十四年知縣劉長城撤其材以建龍山書院

餘姚志卷十三終

餘姚志卷十四

知餘姚縣事唐若瀛修

祠祀

先農壇　在東郊

國朝雍正六年知縣葉煊文建立壇宇并置籍田四畝九分浙江通志

壇有寢室殿房各一

社稷壇　在西門外一百五十步浙江通志

初在治南一里宋以後徙治西二里西石山之左洪武八年知縣陳公達爲壇於西門外今址周圍九十

七步八尺萬曆舊志

風雲雷雨山川城隍壇　在南城南門外百步浙江通志舊在治南一里西南隅嘉靖三十四年遷南門外四圍各一十五丈萬曆舊志

邑厲壇　在治北武勝門外燭溪鄉浙江通志洪武八年建周圍四十七丈東西廣十丈一尺西北深十五丈一尺又鄉厲壇每里各一今久廢萬曆舊志

城隍廟　在治西二百步宋末移建治東二十步元至正二十五年重建明正德七年知縣張瓚修之嘉靖十九年通判葉金於廟之東南隅建齋房五楹萬曆

十五年知縣周子文改建廟後設東西廡後知縣黄琰重修

國朝順治三年同知王應升復新之浙江通志

乾隆二十一年重修四十年改兩廊爲樓

萬歷舊志汪文璟重修記城隍廟在州東北二十步故老相傳宋淳熙間封崇德王至正二十年加封崇德昭應王越三年九月知州王侯璘來莅是州政簡而役均民安而吏肅水旱疾疫有祈於神輒應侯於是樂民之和感神之德而侈上之賜也乃捐俸以率其僚屬父老人修厥廟易其朽蠹破壞而增其未備者於是門廡殿寢内外一新復於殿左搆龍王祠飾觀音像以便祈請從民志也工既訖父老請記余嘗承之是州當是時朝廷以六事責守令勉勵之詔日下恆懼無以稱上意以爲政煩而訟夥使小民失職其責在己至於水旱癘疫螟螽之不時其責在神在己者不敢不盡心在神者不敢不告焉以是三年之

開幸無災害以戕其民蓋嘗列神之功以請於朝未
報也至正十九年分行樞密院都事謝侯理以分省
之命總制州事留心民隱於是邊圉未寧軍旅擾攘
屢禱之神吉民賴以安連歲夏旱無不應祈而雨乃
井前事以請遂有加封之命王侯能寬易不擾以臨
其民承事不怠以奉其神故廟修而神歆其祀神悅
而民受其福比於黷祭諂祀者蓋不侔矣傳曰明有
禮樂幽有鬼神禮樂者所以治民之本也不修其本
以治其民而區區焉飾土木陳牲牢以徼鬼神之佑
是謂舍本務末非知爲政者也今王侯蒞職既久政
化既孚而後從事是廟以昭上之寵以報神之貺先
率民而後致力於神其於爲政可謂得矣詩不云乎
嗟爾君子無恒安息靖共爾位好是正直神之聽之
介爾景福故因父老之請爲書其事而竊取古人賦
詩之意以終其意焉廟修於至正二十五年閏月十
有五日成於十二月一日（嚴時泰城隍廟贍田碑）正
德間城隍故祠以歲久就頹邑宰張侯璿謀新之時
公帑乏羨冀得緇流之有戒行者丏施而難其人衆
咸舉吳山寺僧文顯是爲日彰上人至則首出衣盂
長物以倡一時施者嚮應不踰年而落成侯嘉之遂

俾守焉矧有司歲必差守祠者一人自是罷差矣上人既頒錫因語衆曰吾非田無以安此然不可復望之檀越終當自置耳乃以所攜餘貲與其徒德銘戮力一心凡世俗治生計苟無妨於律儀者皆不鄙而爲之亡幾何果克置常稔田三十餘畝有奇計直幾二百金乃列其田之疆畔衡縱上于縣請給符牒以禁將來之鬻并邑令顧侯存仁嘉嘆亟命給之復稽舊籍而免其丁役焉於是上人喜振祓詣予請記顛末

臨山城隍廟　明洪武時祀於福田寺中嘉靖中圮三十七年參將戚繼光建廟於衛治內東山志

滸山城隍廟　舊在城西南後圮乾隆三十年重建

案城隍之神始見於南史其實本禮經坊庸之祭也自唐以來列於命祀今載在諸廟之首

關帝廟　舊在縣西門內洪武二十年千戶孫仁徙置
龍泉山嘉靖間邑人參政管見郎中錢德洪葉選拓
而新之舊志

〔萬歷舊志〕明翁大立記云緒山西故有雲長關公廟江山環抱倍神明所都曩歲倭奴寇姚猝爾幾陷禱於公廟卒以御賊於是當路暨邑父老議恢廟制而鄉先生大參管公見比部錢公德洪水部葉公選自祖父來嚴事公者錢遣弟冠帶鄉賓德周管遣弟侯門教讀完董其役葉則捐貲郭田若干畝爲士庶倡經始嘉靖丙辰六月積二十四年規制始闊姚人見倭奴殲適既如彼管氏錢氏葉氏奕世甲科又如此僉曰神所陰佑率以五月十三日走廟下肸蠁精禋冠蓋塞途鼓樂之聲震川谷焉〔葉逢春記〕吾姚故有關祀甚顯民有所祈輒應如響然稍圮隘會有欲毀之者神即立報以奇禍於是先君後皐府君同石峯管公緒山錢公復創新其廟貌先君前後計所助計三百餘金蓋所捐獨厖矣初大王父友菴府君夜忽

夢神云歲無齋主若能主吾齋吾介若後邑比覺驚
異晨起即摳衣往廟所詢守者如所夢即齋蒇以爲
常先君憶神往昔故殫慮奉持不惜喜捨以隆神祠
當神誕期則先君輒雞鳴具衣冠攜家長幼具齋肅
拜盡晡始返則望必謁祠虔如也先君居常語小子
輩曰雲長爲漢之心人覩如皎日至扶漢之功則夫
人莫之白也夫當威震華夏時即以操之用兵如神
者亦擬遷都以避焉此其勇畧與淮陰定秦下齊張
設相伯仲當是時三國一時號稱名將者豈少乎而
能若震疊赫鑠希其萬一耶特有幸而不幸耳夫淮
陰以敵不用左車計而成神以敵聽閒與計而敗然
即以孔明之智而不及爲謀豈非天乎世以成敗論
人遂以寡謀病之則左矣假令吳不乘閒則公旦夕
指揮中原恢復舊業功不與淮陰埒哉若其品則又
神龍狻猊之相雲壤矣此神之功至今未白也或問
曰神之神歷數千年而愈顯諸神莫與侶則曷故余
應之曰世言剛直爲神仲尼云吾未見剛者謂人之
生直神生平大節獨秉天地本來之精故神若此而
他未之逮也又曰神與聖異乎余應之曰剛而不迴
直而無曲爲神剛而能濟直而能委爲聖故聖之教

不磨而神之靈不磨其神之謂哉其神之謂哉

案關帝自

本朝更定謚法通祀天下厥典綦重有司以春秋行祭禮

名宦祠　在文廟之右明嘉靖十四年知縣顧存仁建浙江通志

乾隆三十九年重修

鄉賢祠　在名宦祠後正德二年知縣顧綸重建浙江通志

乾隆三十九年重修

忠義祠　在儒學左側雍正五年知縣葉瑄文奉部行

文爲　本朝忠義建浙江通志
乾隆三十九年重修
節孝祠　在奉裁姚江驛基雍正五年知縣葉煊文奉文建浙江通志
乾隆四十一年修
案名宦鄉賢向係督學釐定近制必禮部奉
旨始許入祠所以重祠典也忠義節孝祠自雍正中始
設乾隆四十年表彰勝國殉節諸臣分別
賜謚諸生布衣殉節者許其俎豆於鄉仰惟
聖朝浩蕩之恩真闡及幽隱矣其節婦之核實者每於

歲杪造册請　旌見風俗之懋美焉

永澤廟　在儒學旁元判官葉恒築海隄有功請於朝廟祠之後祀於開元鄉龍王堂浙江通志

萬歷舊志元王至廟記至正廿有七年詔封故餘姚州判官葉恒爲仁功侯賜廟額爲永澤侯字敬常四明人以國子高第釋褐官餘姚餘姚北際大海當潮水之衝齧者六十里有司役其民楗籠竹木而築土石以爲隄風濤不可測或始成而即壞壞則內移以爲隄歲或三四焉民之力日益罷財日益耗而並海之地日益削矣侯至治視隄乃曰欲去此患非石隄不可然爲費固鉅但併其數爲上隄之費則石隄可成矣於是請計田出粟擇人以司之而侯則往來相度苦心勞力而督治之越三年爲至元改元之歲而隄始成嘗具其事請國子監丞陳公旅爲之記以刻諸石矣是後侯入官翰林轉職太學卒於鹽城縣令則去州已十年州民皆欲建廟祀矣而未有卒其事者又越十有五年而浙江分樞密院經歷鄭公琦以

分省命來督州事民以廟事告公公遂白諸分省而率其民即州學之旁建屋四楹以祀侯又合民之詞以請於朝故有廟額之命命下則鄭公已去州太守李公樞乃屬州人王至記其事繫以詩曰海於兩開爲物最鉅洪濤奔衝土不能禦猗嗟葉侯官此海匯禦海以石紓民之憂維此宏功曠古未有侯當廟食百世非久心乎斯民繼有其人民爲報功廟食是勤煌煌封侯奕奕廟額昭我民情自天寵錫民之報侯垂厥子孫斯廟斯祀與隄永存（元柳貫詩）范公桑子吾初成岸坡老湯村自課傭爭地誰能驅游若抱薪欲訊河宗請求水利收遺策討較民功得上庸履製區區淩霧雨鞠躬酒熱記頻供（鄭景武詩）葉君海上築長隄盡遣湖波作稻畦越嶠天低橫螮蝀謝塘水落走鯨鯢已無漁子來垂釣卻有農人去抱犁歲歲叢祠拜公像秪應遺愛在蒸黎

三錫祠　在龍泉山祀總督胡宗憲（方輿路程考略）

案葉判官廟胡總憲祠皆名宦之分祀者嘉靖舊

志謂葉判官作陂之功宜血食百世乃百餘年而廟廢鄉先哲謝文正議復之微費於官事未集也胡公先蒞餘姚有政聲後爲總督復至餘姚受倭寇之降功亦不可沒云

嚴公廟　在雲柯鄉之嚴公山子陵二十三世孫絳州刺史某所立白雲峯平石可坐數十人有石刻嚴公山三字苔蘚侵蝕而披拂可覩後徙祠客星山廟遂廢舊志

嚴子陵祠　唐時在治東北之嚴公山曰嚴公廟後以其墓在客星山徙祠於墓右靈塔院之廡廊嘉定十

七年郡守汪綱復徙法堂之左咸淳七年沿海制置使劉黻邑人何林郎墓左建高節書院請於朝置山長一人領祠事元知州張德珪汪文璟劉輝郭文煜皆嘗重修入明而廢宏治中參政周本立祠於龍泉山巔以便瞻謁正德八年同知屈銓修之嘉靖三年知縣邱養浩徙於千佛閣左而客星之祠終不能復萬歷舊志

虞翻廟　在鳳亭鄉嘉泰會稽志

石孝子廟　在四明鄉祀石明三元後至元中建明嘉靖十九年提學張鏊行縣重修舊志

趙考古祠　在江南城內舊建初寺址嘉靖中知府湯紹恩建祀瓊山教諭趙謙有司春秋祭　古今圖書集成職方典

于忠襄祠　在汪姥橋東五十步祀忠襄公毛吉有司春秋祭　浙江通志

〔倪宗正忠襄毛公祠堂碑記〕廣東按察司副使贈按察使毛公宏治辛亥年朝廷贈謚忠襄鄉邦像以祀之正德甲戌年開州劉君守逵來尹我邑祭敬忠節獎勵風化首問公祠秉虔謁奠顧瞻左右尙缺貞石慨夫過茲祠者欽仰之餘曷由考識於是斷石為碑命宗正秉筆以記宗正惟公忠節一時名公有傳有狀有銘有表耀錫耳目不可掩覆茲承劉君命掇而言曰公名吉字宗吉自幼負氣節舉進士授刑部廣東司主事嚴明廉毅訊囚多立驗錦衣官校逮至者一懲以法不少假借為所銜中其毒幾死尋陞廣東按察司僉事分巡潮惠二府時劇盜據險作亂公預謀制勝連破龍歸寶龍石坑三峒功奏未報廣西蠻

賊滋蔓高雷廉三府尤苦之衆推公往治道路梗塞村落爲墟數百里無人煙公纘轡四顧惻然不忍王恩覆冒之地置諸異域抓部禁誅求解煩苛出民於豺狼之吻至雷州報賊刼大體村寮康海縣知縣王麒忠勇可任偕往擊賊敗走之自是部內稍寧條上方畧上嘉嘆陞本司副使降勅獎諭委總一方軍務公感激思報惠州河源縣告急郎兼程進兵敗之鋪前又敗之長峯徑口賊遁至清源縣守將遇之戰北公亟進援之賊見其旗幟呼曰毛家軍至矣遂奔踰月新會縣告急公提兵至火磜頭有擒斬乘勝追至雷岫山夜號令諸將比明擊之賊棄營走山上我師狃勝突入其營陳亂賊乘之刺殺前驅潘百戶右哨閩指揮郎遂潰公獨勒馬大呼曰劉住劉住潰已不可遏從騎勸公退避公叱曰爾去誓不與賊偕生盍奮衝前揮刀斫賊力屈被害時成化元年三月一日也是日晝晦烈風雷雨山谷振動七日得屍貌如生昇歸官吏士民弔哭相屬時從車餘犒軍銀或密付公家僮爲歸資是日公降於僮妻悉索以歸夏憲長曰吾生平玉潔肯含垢入地哉闔署駭觀謂其斃無易節事聞贈嘉議大夫本司按察使錄其子科今山

東按察使副使爲國子生公以儒起家勇冠三軍將畧天授所至成功一挫身死而偉功不就後人遂不奇其功而奇其死也考公未死以前其所爲嫉邪惡摧權貴磊磊落落固足以見其忠節之實行旣其死也其英爽之耿耿者爲風雨雷霆不忍以私汚尤不能掩其忠節之實心然則公其始終皎皎者豈特以一死爲奇哉廣東人被公之德者祠之水旱疾疫禱之輒應感神之況玆鄉公之所生其山川公英靈所由萃也人之神之也宜哉歌曰龍山巃嵸兮邦人仰止厥潤攸長兮姚江之水挺生公傑兮秉直如矢仗節而死兮爲雷霆風雨有赫其靈兮

滛禍善祉護持鄉邦兮佐尹之理

孫忠烈祠　在龍泉南麓祀贈禮部尚書孫燧嘉靖二年知縣邱養浩建春秋祭浙江通志

祠右別爲三孝祠祠公三子都督堪尚寶卿墀文恪陞舊志

〔黄芳忠烈孫公祠堂碑〕明正德己卯六月十有四日寧庶人宸濠反都御史孫公死之越明年今上嗣大統詔贈公禮部尚書謚忠烈卹典備至郎死所建祠曰旌忠衆心未厭知縣邱養浩請於當道曰昔我神祖肇造區宇首褒忠節以風天下睿謀宏矣孫公死王事大忠也明詔又首及之大德也夫名德祀於其鄉自古爲訓唐二顏張許以降鄉有專祀所以廣勸也餘姚公生息地而祠闕焉甚無以妥幽靈答明貺敢請僉曰諾乃卽龍泉山巔祠之額曰忠烈嶺南黄芳稽其實曰公諱燧字德成别號一川居士先世富春人十七世祖若後唐明宗時爲三司使招討將軍卒葬餘姚子孫家焉十世祖應時登淳熙己未進士倡道學於東南晦菴以遠紹伊洛稱之卒從祀姚庠世以儒顯公由邑庠生宏治壬子魁浙江登癸丑毛澄榜進士授刑部主事累官至河南右布政擢都御史巡撫江西惟茲土據江上游襟帶畿輔實惟東南奥區邇者政俗剥弊寇攘頻作逆濠乘閒匿逋畜奸睥睨神器歛貂聚賄以結禁近竊權寵而握毒以張其勢藩臬以正自持者所逐相踵民茲困憊公既莅事若負重履危惴惴不遑寧居曰艱我力焉爾餘非

所計也廼清政理飭戎備戢校邏之横弭商船之害申郡邑科擾之禁疏陶冶供上之節戒訟獄刓刻不斷之論嚴豪猾盤互無忌之誅於是乎恤孤窮均正賦抑浮費奬廉節稽盈朒竇斧藏撤鹺利以廣用簡卒徒以禦寇修堤渠以備旱潦時散貸以賑凶荒博咨詢以達微周巡歷以遍俗又謂非設險無以制變若建昌之安義弋陽之横峯皆内阻而外僻盜所憑也則縣以控之進賢與南康近衝要喉舌地也則皆城之九江振下流則建議重兵備之權而饒州勢連畿輔議裁兵備則疏留之體國宣猷靡有遺力及權璫繼鎮江西與逆濠相倚為奸利加之災沴民胥失業潰湖數郡盜猘迭發公雖戢戢稍定而遺孼依憑大盡竄其林墓每兵集計定嘗然無迹偵卒主帥秘且憚之莫敢窮治時駕幸西北日遠公累疏竟遏不報憂悴成疾會逆濠迹露朝勅大臣按之濠懼遂反矯誣主上協同亂公而斥之濠怒將殺公公與副使許逵奮罵不屈並遇害合省遠近封守牧圉之臣暨民悲號震動環戟而待命巡撫南贛都御史王守仁舉義師於吉安一呼而集者數萬遂入會城定反側旬日之間元憝就檻累年稔毒曾不得一邑而滅是雖

天威烈烈將士用命所致而公處深備預臨難義烈之氣足相鼓動亦不可誣也噫君臣義通天地後世此義不明學者迷謬於社稷與君輕重之說謂盜賊爲湯武者亦多公輩守死昭揭大義於名教良有助哉故生也以濟時死也以名節賊之死公乃自促其死也公立志期追古人勤於學不倦於教存仁而動直秉廉而用明惜陰如陶侃陰隲如定國故所至士民交稱焉子三堪墀陛皆庠生行素足以成立公初遇害堪閉關徒跣從義兵赴難平賊乃收斂公啟柩體魄如生歸葬慈谿龍山之麓仍彙公事行死難曲折覈而詳可謂能子也已祠地縱若干橫若干門堂各三楹東西廡各五楹經營皆義沽請公帑鳩工市材成之芳敬撮要畧勒碑祠下繫之以詩曰於皇我明垂祚罔極曰惟俊良後先贊翼公握奇瑰休聞懋馳才不虛生匡時是資聰茲南土引與控楚治久蠹滋末易撐拄孽宗乘釁稔奸哀兒分布螢騰仇我庶氓黷貨宜驕谿壑無厭潛搆變倖蔑覦彝憲公膺簡命撫循在茲豺虎爲侶集木其危矧茲寇戎彌漫山藪依憑鬼蜮跳踉噭吼爲以林潦重罹厥菑魚鱉我民亦孔之哀公赫斯怒整師鞠旅颷飛雷奮芟剔就

緒惟是國命匪民曷依八政食貨終之以師乃勑官
守各貞爾度乃實而儲乃清而伍城是要害益堅乃
封環甲環嚮如羆如熊彼頑匪茹蚍蜉撼樹構賊佳
兵逆亂孰與公憤眥裂正言折之白刃交臨萬死不
回公死其所綱常是繫不煩誓盟義旅騰沸元兇失
圖魚鳥横逸爲甸幾何漸盡烟熄忠誠所激億兆同
鍵惟公暨許死有餘休帝曰嘉哉恩寵誕施貤贈廕
謚昭祀有祠惟兹龍泉游息所安廟像載啟式宏厥
觀崇巖臨流俯覽城邑
摛詞勒銘垂示千億

謝文正祠　在龍泉山祀明大學士謝遷有司春秋祭　浙江通志
前有褒忠祠祀公元孫贈太僕寺丞志望　萬歷舊志

國朝（邵琳曉山堂集）謁文正祠詩　江夏諭常侍伏闕
辨冠易忠獻驅守忠簽書不踰夕正色立廟堂異代
見標格祥麟簇錦張威鳳曉霞擘遺弼見訏謨熱伐
昭節策城狐信難移奔蜂突見螯南岡竟徒步東山

理遊屐脊谷魏闕懷耿耿葵衷赤終看犁小誅始見
君心格孫枝挨清塵沙揚留毅魄保障連鄉閭忠謚
傳世澤遺像肅層
巒勁色昭松栢

海日祠　在新建祠東祠文成父尚書王華　萬歷紹興府志

陽明先生祠　在龍泉山先生嘗講學於此嘉靖十四年提學徐階因爲建祠有司春秋祭以門人徐愛錢德洪配享　舊浙江省志

〔明〕錢德洪緒山集〔文成祠詩〕雲埋五嶺路悠悠海上羅浮入夢愁山月淒涼歸鶴夜霜風颯颯瑟淚猿秋百年著述圖書在千載經綸草跡留忍伐祠前蒼峽樹春秋配食薦神羞〔吳〕易東湖集〔文成祠詩〕文成王佐才星嶽氣突兀資神道無餘董薜挺英越訪客絕塞游曠騎角馳射睥睨山川勢志蓊蔥然磧縱橫五十家既長稍折節空濛九華雲浩蕩南屏月以兹洞儒宗興義大闡斥精微續聖系餘緒贊帝業運籌羣盜

閒颷炎百巢滅神龍無安翔金翅縱高掣逆旗蔽川江妖星射金闕公時擁上流安危視懸髮隻手提天綱雷轟走飛檄指顧縛元凶九廟初安帖煌煌再造勛不得身獻捷帝閽紛狼狐八荒置牙孽非公燀威名乾坤免顛疊控制仗兵符中樞洵雄哲吁嗟營青蠅功大賞故阨論道羅豪賢恬澹謝矜伐崩迫戎馬際講席每不輟中興劇南顧元老再秉鉞六宇蛟螭薙千年銅柱坼漢儀燼百蠻灑淚思田碣威寧赫遺劍伏波懍廟謁乃知非常人洞達神爽接我生世未遠恐懼壯猷歇截靖竟何人中原日流血

國朝（桑調元弢甫集）謁祠詩　姚江遺像肅峥嶸辛苦龍場負盛名飛艦到江吳濞縛麾戈入尚鬼方平象山講學推高座諸葛行師列舊營千載武宗輝廟號多緣新建大功成（莊綸渭問義軒集）文成祠詩　憶昔西江做北平鄱陽戰舸集如雲誰擒雪夜吳元濟卻仗書生虞允文露布疾馳成諫草講帷新論傾儒羣娭賢相國今知否南廡千秋有此君

承顒祠　在龍泉山祀明大學士呂本有司春秋祭舊志

〔明〕孫鑛遂覽樓〔詩〕假館容身暫登樓縱目徧亂山秋染霜遠水曉迷烟咫尺嚣塵避尋常懶性便經旬忘盥櫛隨意友陳編〔又〕轉信治堪隱方知病得閒藤床從坐臥石磴緩躋攀隔水燈仍出依林鳥盡還禪宮昏色後僊梵滿秋山〔又〕曉起披衣立當窗小艇三停僥依近岸孩網墜澄潭迹豈惕波似心應食力甘此時名利客徒覺羨魚慙〔又〕壯色城雙峙奔流江九迴開闔接地起舸艦逐潮來爽氣三秋勝雄觀百里開可憐枯旱後田野半蒿萊

黄忠端祠　在新城保慶王廟左祀黄忠端尊素有司春秋祭

國朝雍正十二年總督李衛檄縣重修浙江通志

〔舊浙江省志〕〔明〕陳子龍忠端黄公祠碑記在昔天啓之季士有正直耿介危身奉上與諸君子死於奄禍者曰姚江白安黄公諱尊素字真長別號白安其先江夏人漢太尉瓊之後也徙於四明者十有六世遂

爲姚江人公少而卓犖自命好讀經史不得志以周
易誨授苕霅間學者目衆舉進士授寧國府推官清
白自勵㕘無餘粟持法斷斷不畏高明土豪強宗無
所縱舍章程條教咸爲後法秩滿應名單車就道不
謁權貴遷御史大夫鄒公長揖而已鄒公顧獨重之
曰此必骨鯁臣也甚相稱譽授山東道御史當是時
奄寺保媼凶德參會表裏亂政饕詖之士陰相附麗
公與楊公漣魏公大中正色立朝清心疾惡以進賢
退不肖爲已任時老成去國相繼於道公上疏請留
又以災異請誅魏客以應天變中旨予杖蒲坡韓公
力救免又合臺省疏諫中旨傷政體公爲之倡又繼
應山獨劾逆奄辭甚峻急適萬郎中以諫杖死公又
首疏力諫廷杖非制時臺省皆入閣會議內侍數百
人環噪詬詈公厲聲叱之曰內閣禁密地郎司禮非
詔不敢入汝儕何得亂於法紀衆乃引退此則李校
尉氣懾常侍盧尚書持戈閤門不是過也中州出玉
璽廷議開大明門迎之行受璽禮百官表賀公引宋
喆宗元符改元及宏治中故事以祖宗有成憲當法
事得中格嗣國事彌變黨禍頻興南樂涿州相繼柄
用膠轕屢起大獄緹騎四出諸君子檻車載道矣姦

黨李魯生曹欽程誣奏公以媚奄削其籍奄意尚未滿又授書其黨奄使李實劾公及周公起元等七人里居講學爲不法有詔逮治使者至炎爲百姓擊死失其詔書公聞變即聞道走京師自詣獄許顯純等雜治之榜掠數百五毒備至公慷慨正色辭氣不屈卒以奄旨害公於密室其事秘莫能詳也自公入獄至遇害京師地震朝天宮災皇宮廠地裂殺民數千風霾雨寒大淫雨不止災變之多近世所無也明年皇帝即位誅元兇斥殘穢贈公太僕寺卿賜祭葬有司建祠於餘姚縣西寶石山之陽歲以二仲祀之中牢夫公忠以事君諒以取友貞以立身清以範俗正而蒙難殉國志死記所謂以死勤事能捍大患公蓋兼之矣是宜在祀典徼表貞珉永昭景烈

國朝（巡撫張鵬翮重建黄忠端祠堂碑銘康熙庚午七月餘姚大水漂没民廬以千計黄忠端公之祠在黄竹浦者亦沉焉於是縉紳大夫門生故吏各捐貲襄事遷其祠於新城南門之左按有明之亡由於天啟年逆奄魏忠賢竊寵借叢擅作威福其時造符命頌功德者偏天下雖昔之獻諛新莽至於四十八萬七千五百七十二人不是過也又以嚴刑黑獄鉗鍵

其不附已者公三疏劾奄清言勁論朝端倚以爲重故一時君子執利刃以齒腐朽過分涇渭驅宵小而合之陰謀日固公雖毅然守正不阿獨以爲乘墉間鼎之奸豈口舌可除務在潛消而默奪之故阮大鋮發難去國公挽之以濟時艱而左忠毅不可大鋮因呈身逆幕爲其謀主楊忠烈二十四罪之疏未上公諷之以楊邃菴之事忠烈不能從及萬郎中杖死公勸之去以韓文劾瑾之事明之忠烈遂延不自決遂及於難魏廣微以奄宗得相魏忠節將劾之公曰南樂之父允貞清流也彼恐隳其家聲猶有顧忌今若訐揚幽昧國狗之噬無不噬也忠節不聽廣微遂取宦籍姓名一一指摘之以授逆奄奉爲聖書流放殛殺皆由此由汪文言之獄逆黨定謀以入楊左公援晝於鎮撫劉僑單辭不及而獄解僑頗洩其語於是逆黨謂諸公徒負氣易與耳推黃果深沉有遠慮必爲吾儕患俟公出而復捕文言揚左六君子始不免焉乙丑冬訛言繁興謂三吳諸公謀翻局用李實爲張永主之者公也逆奄聞之偵者四輩至吳莊無踪跡逆黨懲前汪文言事忌公益深因誘呵李實使之出疏自辭而七君子逮焉嗚呼自古邪正不兩立小

人奸詭百出結黨援憑城社以肆其毒而君子獨扶其直方之氣不能藏器待時委蛇觀變何怪乎鬼蜮而雖權禍其身以及於其國也公當逆奄之亂慮深計遠調其水火敵使金錢銅鐵無礙鑄鼎向使楊左諸公協從其計則傾否扶危之事猶可冀幸於萬一而禍當不若是其烈矣其奈乎號莫濟一木難支卒以身殉之豈不悲哉公沒僅一年而逆奄與其黨皆駢首縶足以委於荒烟蔓草閒向之氣焰薰灼蓋以澌滅而無復有存者而公以忠懷亮節亟芳於青史推重於寰宇卽今將七十歲適以支祁鼓浪祠宇湮流其卜地襄工以竭蹷而不憚勞費者是秉彝好德人有同心公之靈爽豈以生死爲存亡乎祠既成乞言於余余素景仰公者故樂道其事以想見其爲人爲碑而銘之曰滉瀁姚江理學是衍德業文章聿推新建繼此者誰黃公莫先公生不辰貂璫逞亂棄鼎寶瓠一日百戰巖巖黃公犯顏直諫并戒同列旁燭隱患哀哉貞士或殛或竄鷗鳩爭鳴卒及於難廟祀歷年俎豆於饗滔滔稽天助虐閟宫遷而新之楅而輪奐傳之永久精誠靡散

施恭愍祠　在驛東祀明殉節左副都御史邦曜有司春秋祭

國朝順治十年賜官地七十畝以爲祭田浙江通志舊爲蕙江書院祭田係鯉子湖久廢高阜舊志

〔明〕劉宗周〔詩〕淮南一別燠吾寒再拜班荆淚倍酸國難敢忘殘婦恤時危轉憶菜根盤身擔風紀綱常重節自生平問學安白馬巖前池草綠永存規矩奉輪般〔呂〕章成〔詩〕先生講學在躬行所至居然大有聲閎難定知身不辱心虛還使道常明三編裁就垂趨步十自吟中見法程此是良知眞實際嗚呼忠介即文成

案嚴公廟以下皆鄉賢之分祀也古者鄉賢各爲專祠其後請祀者多有司不能徧祭乃合爲鄉賢

祠既而鄉賢日增復擇其功德之殊異者別立專
祠其制蓋三變矣餘姚向祀吳九郡王本縣之燭
溪鄉人宜附見於此然西湖志稱王在宋時嘗封
爲悟空國師則應入寺觀又舊志增刻一頁載四
勿祠祀宋殿中御史蔣峴考宋史蔣公本非姚人
特因子孫居姚建爲一姓之祠非餘姚所當祀也
今附見寺觀凡非姚產而子孫建祠者悉從此例

貞烈祠　在南城石鏡橋西祀通判姜榮妾竇氏　浙江通志

明倪宗正竇烈婦碑記竇烈婦燕人我邑姜仁甫妾
也姜判江西瑞州郡正德辛未夏華林賊攻破郡治
虜竇以行時姜署印賊至授竇而出以與賊竇藏印
於密被虜至中途顧有盛姓者父子在虜語賊盡遺

其父報諸官以贖我賊如其言密語盧以印所在達於姜至花塢鄉紿賊曰我渴甚欲飲諸井遂投以死賊駭而去事聞廷議於時死節婦女所在官司立石旌善亭以記姓氏大尹劉公應徵嘉賓之烈奉行惟謹君子曰女婦罹變以一死潔身其於女婦之道完矣如賓知郡印爲夫生死受夫寄不敢忽於一死潔身之際從容保護以還所寄可謂忠於所事者矣嗚呼賢哉

案貞烈祠爲節孝祠之分祀今載於卷後

餘姚志卷十五

知餘姚縣事唐若瀛修

職官

吳

縣長

朱然　朱桓　呂岱

晉

縣令

山遐　容舒　孫統　許謐

謝勝　桑沃　楊端舊志隆安三年孫恩破邑署吳典八世

穆夫爲令謝琰

劉牢之斬之

宋

縣令

韓景之　張永　何玢之　劉仲道

沈伯玉　何桓

齊

縣令

左嘉　徐中庸

梁

縣令

王籍　劉杳　闞澗之　郤桂林

賔陛　明震 案震字與道山賔之子見梁書明山賔傳舊志誤作宋令

陳

縣令

沈瑀　扆敬　斯千

唐

縣令

李元隱 案唐書宗室表作元隱舊志誤作李穩　李悰

張辟疆　袁郊　謝夷甫　崔孚 案白香山集孚由常州錄事參軍浙東採訪使奏授餘姚縣令又王恕字士寬太原人大歷中權知餘姚亦見

香山集

主簿 案舊志不載唐時簿尉今從唐書宗室表宰相世系表增載三八

李少真

尉

李讓　鄭光昭

宋

知縣

孫緒 天聖七年　鄭紓 案紓字武仲安陸人天聖八年登第知餘姚官至祠部郎中見

蔡襄雙襲齋集　謝景初 慶曆七年　陸煥 八年　江襄 皇祐元年

李廓 四年　王叙 五年　宋廣國 至和二年　裴彥輔 嘉祐

六年

曾鯤治平元年　施邁熙寧元年　林廸五年

黃鑄九年　劉誼案誼字行甫長興人元豐二年舊志知餘姚見東坡詩註及湖州舊志

林萱元豐五年　廖天覺政治二年　范直隱五年

丁寀七年　汪思溫宣和二年　江曉六年　李穎士舊志

建炎二年至三年夏金人破邑令丞皆弃金署陳時彥知縣事　葉烜四年

蘇忠紹興二年　徐端禮三年　陳時舉四年　趙子潚七年

樓琚十年　宋伯之十四年　高敏信十七年　李碩二十三年

蘇忠覬二十六年　王將之二十九年　趙綱立三十年　王度隆興元年

王涓二年　王埀四年　蔡憲七年　許昌言八年

留觀頤一云觀順九年　趙公豫淳熙元年　樓錸三年

范直質四年　章澐五年　張渭八年　李祺壽十一年

蔣倫十三年　姜處寅十四年　湯宋彦十六年　李申紹熙三年

施宿慶元二年　常褚五年　趙善湘慶元二年案舊志作嘉泰二年

何沆開禧元年　洪椲二年　宋深三年　趙希哲嘉定二年

朱拂五年　俞抗八年　王挺十一年

袁肅十五年　陳忠直十六年　王綸十七年　孟繼華寶慶元年

孟鼎紹定元年　趙汝勲端平元年　王似嘉熙二年

劉夔孫四年　陳允平淳祐三年　陳剛翁七年　李庚寶祐二年

趙崇倏景定三年　陳維嘉咸淳七年　趙從簡八年　馬廷評

韓持正案舊志於宋知縣後載馬廷評韓持正二人廷評則未知其名持正則僅存其字其

蒞任年次亦莫得而詳也今考林景熈霽山集虛心堂記云虛心堂者前餘姚宰邵君濟翁所居也舊志不載則知遺漏者多矣

縣丞

馮榮叔 案舊志作榮叟今據資治通鑑校勘姓氏改正　晏敦臨

黄仁儉 俱紹興中

主簿

李逢 案逢見宋史刑法志　李子錡 熈寧中　陳宋輔 舊志仙居人覺民子也政和初進士名對首論二蔡坐貶姚簿

王綱 俱紹興中　聶應泰

縣尉

葛艮嗣嘉祐中　楊襲璋　史浩　魏杞俱紹興中

沈煥乾道中　熊克案克字子復建寧人爲餘姚尉在淳熙中見四朝聞見錄

趙伯威紹興中　陳鍾慶元中　史彌迥嘉泰中　范金

趙時鏞俱嘉定中　葉鑄寶慶中　張仕遜景定中　吳化龍咸淳中

山長

徐興脩萬歷志咸淳中主高節書院案舊志作元山長不言所據今改正

學諭

沈希賢咸淳中

元

監縣

馮帖古歹至元中　李札忽兒歹

陳忙古歹　木八剌

縣尹

杜仲仁　岳嵩　翟延玉　孟之達

龐順　陳鑑　夏杞俱至元中

縣丞

蕭修已至元中

縣尉

馬驥舊志鉅野人至元中爲姚尉

山長

岑翔龍 案萬歷志作宋山長康志據袁清容集有岑翔龍墓誌其爲高節書院山長在元至元中因改正　張澍 山陰人　卓彌高 俱至元中　王菂 案菂金華人高節書院山長見王禕忠文集

監州

脫博歹 元貞二年　實合丁 大德中　愛也祖丁　木八刺

曲薛的斤　亦速真　禿禿迷失不花 至大三年

帖陌　察罕 延祐中　普答失里　劉隆 至治中

脫脫　暗都刺 泰定中　拜住 天歷二年　曲薛捏 至順中

忙兀歹 元統元年　阿昔帖不花 至正中

哇哇　也里不花　烏伯都刺　奥蘭鐵睦

爾

知州

高慶仁元貞二年　張德珪大德中　羅天祿　完顏從忠

焦簡　元貞　張謙　羅坤載延祐

七年　牧薛飛至治中　宋元佐　羅也速歹

見泰定中　蕭元實　李楘天歷二年　王維正至順

三年　劉紹賢至元元年　何棠五年　盧汝霖至正

中　劉明祖　龍霖　朱文瑛

盧夢臣　汪文璟　郭文煜舊志文煜字彥遠大梁人以德

治稱其先盧夢臣名聲等於　張祚
文煜去後州人並見思焉
蘆完　哲溥化　汪溶　李樞
州同
探馬赤　王士志　劉郁　邱鐸
張成　劉榮　八哈兀丁　王玠
趙孟貫　禿千牙里　侍其毅　趙允中
周徵以上年次佚　夏賜孫延祐中　王淵　鐵閭
楊思義　脫因納　徐容　贍思丁以上
年次佚　怗木兒不花　賈策天歷中
蠻子　吳忙兀不花　何貞童至順

中　徐容　宇文公諒　劉輝
江燕只吉歹　陳去失不花
李適祖　那海　宋天祥至正中　觀觀
大都不花　李英　戴翔　海朝宗
斡堅不花　禿堅

判官

徐溫以下年次佚　趙璘　張伯惠　王英
張維剛　史孝純　李世寧　尹弼
李椿　段好古　張理　王世敬
黃茂卿　和肅嘉珪　王思恭　蕭政

趙增 李讓 鄒潤祖 王伯顏察兒 汪文環後知本州 方君玉 牛彬天歷中

王察罕章 張志學 唐儁 石抹五十六 亦思哈 唐忽禿帖木兒

楊文傑 李仲艮 脫因不花 葉恒至元中

完者都 花判官名佚至正中 楊興祖

陳永 赫赫 月倫實海牙

傅常 程國儒案萬歷志作程邦民據新安文獻志程國儒字邦民歙人至正進士授判官攝紹興錄事明初爲洪都知府有雪崖集 元生

吏目

張彦恭至治中 楊嗣宗 陳天珏天歷中 沈思齊至順

中 陳彬至正中 李致尭 席齊卿

章伯高 顧有

學正

陳子安叅子安黄巖人延祐初爲學正見程篁墩集 楊友仁延祐

中 孔思則至正中 趙德莊 徐雙老

汪燚 劉可中 鄭涔 蔣履泰

趙棣

訓導

汪性至元中邑人 鄭燚邑人 趙由浩 楊燧邑人

孫元蒙　陳瑩

山長

劉仲寶　桂彥良　胡秉常　陶安

應仲珍　金止善　楊瑛　劉彬

丁誠　陳子昌

明

知縣

陳公達洪武四年　徐魯詹南陵人十一年　李清仁化人二十七年　唐復三十三年　都昶永樂二年　馮吉上海人三年

王文十一年　薛文清十七年　劉仲戩廬陵人國子生十八年

黃維宣德元年　盧昶封坵人四年　李郁山陽人正統四年
余凱六年　余克安九年　蘇宏襄陽人十二年　陳敏巴縣人景泰元年
詹源澤黃州人五年　金綬上海人天順元年
張禧三年　王珩巴縣人五年　張烋上海人八年　黃瑜成化二年
劉規六年　董安漳浦人十二年　胡瀛十五年　賈宗錫常熟人進士十八年
王貫順天人宏治元年　張宏宜四年
程玉江西人七年　周霖乾州人九年　董鑄安肅人十五年　顧綸嘉定人十八年
張瓚正德五年　劉守達開州人八年
呂阼真定人十年　朱豹十五年　邱養浩十六年　楚書寧夏人進士嘉靖四年
楊銓邳州人六年　左傑恩縣人八年　江南濟陽人九年

顧存仁十一年　顧承芳臨淮人十五年　阮朝策麻城

人十九年　劉應箕巴縣人二十四年　胡宗憲十年

沈晃丹徒人三十年　鄭存仁臨清人三十一年　李鳳三十三年

李伯生三十五年　徐養相三十六年　周鳴塤四十年　張道四十三年

鄧林喬四十五年　李時成蘄水人隆慶五年　陳昜萬歷四年

丁懋遜九年　周子文無錫人十四年　葉煒十七年

馬從龍二十年　江起鵬婺源人二十五年　史樹德金壇

人二十九年　黃琰晉江人三十年　楊萬里松江人丁未進士三十四年

吳淳夫晉江人庚戌進士三十八年　董羽宸四十一年　錢應華清江

人丙辰進士四十四年　譚昌應江西人壬戌進士天啟三年　李寓庸楊州

人壬戌進士三年　祁逢吉金壇人壬戌進士三年　蔣燦長州人戊辰進士崇禎元年　梁佳植分宜人辛未進士四年　朱芾煌無爲人甲戌進士七年　劉維芳荊州人丁丑進士十年　袁定華亭人丁丑進士十二年　王曰俞常熟人癸未進士十七年　王正中

縣丞

胡寧永樂中　王顥正統中　蕭瑛襄陽人　朱貴華
馬高　周貫　羅靖景泰中　吳忞
劉方天順中　陳纓成化中　李寶　沈績宏治中
于英　金輅　王珙　黃瓘
魏珊楊州人　楊昌廷正德中　蘇霄　謝忞

魏居仁嘉靖中　廖振纓　宋鎬　陸浙吳江人

金韶太倉人　徐璣武進人　甯守初　羅鈇

趙鏜　江東鳴　滕瑶　范選

郭鎔隆慶中　姜珙　余用中萬歷中　周寶

賀嘉邦　王道行長州人　江原岷　鄒正巳雲夢人

沈惟中　楊元臣　朱應魁　余建立

胡應浙萬歷中　丁嘉臣　羅中旦　黎容偉萬歷中

吳之彥　潘濤天啓中　翁宗洙　朱萬鎰

沈大奇　陸光淵　覃懋　歐陽暉

柯淑淇　莊淳崇禎中

主簿

秦猷 永樂中　張祥　金鑫 宣德中　王興
吳成 正統中　許文　李顯 天順中　陳諒
張勛 成化中　方璇　趙奎　陳聰
喬嶽 宏治中　梁紹　劉希賢　陳瑄
張世忠 正德中　彭耀　任恩　朱鋼
陳泰　彭英　詹鵬　李光義
繆鳳　孫相　朱臣　張恩
竇槩　凌東漢　汪肥　方澤
姚濂 隆慶中　孫旦　李庠　馬元齡

宗周　路汝讓　王雲同　顧應乾

張卿　孫承宣　傅汝霖　陳嘉訓

程尚友　汪文輝　王三聘　傅宗倫萬曆中

吳文問　陳夢洙天啓中　何至大　龍尚袞

鄭國讓　吳鵠先　林紹震　朱鉉崇正中

典史

劉勉正統中　楊茂　高敏天順中　胡濬

張璁成化中　陳瑞　林富　曾瑛

李才問　郭宏宏治中　唐榮　葉香

徐眞正德中　李成　張魁　陳佐

于詢 嘉靖中　劉文璁　歐陽京　吳富
李鍾　彭達　何顧　高克修
胡大寬 隆慶中　胡楦　梅守儉　涂經
黃佐　李從秀　張可繼　陳舜綱
劉治　劉銑　楊如璋　潘一鳳
張思麟　鄭登輔　王三才 萬曆中　俞允文
林雲章 天啓中　江有瀚　李如沖　諸秉忠
李卓達　任世英　王思聖 崇正中　案羅玘南城集有送夏驛丞之任姚江詩舊志不載驛丞今附見於此

教諭

許泰 邑人洪武中　岑文璧　施尊　黃金鉉 永樂中

林觀　陳慶 宣德中　程晶　王楙 正統中

高敏　羅昇 景泰中　胡壆 成化中　姚倬

陳璘 宏治中　李烜　蕭夔　陳汝玉

易宗化　范魯　譚璋 正德中　吳瑛

梁廉　徐銳 嘉靖中　陳珪　王諫

彭漢　李瑗　李時雍　危麒

潘時　劉尚平　王球 案松江府志王球字子美

莊天恩　周大章　梁自新 隆慶中　程蒙吉

方齊　徐進堂　譚大始　黃墀

何其聰　林一煥　馬應龍　周世臣

霍維城　鮑士龍　王寅賓　錢允選

錢逢春　馮大受　沈祖進萬曆中　崔嘉天啓中

胡希祖　王廷耀　葉禾　張明昌

蔣鳴鳳　趙敏學　黃承業案承業於潛人辟署餘姚教諭見舊杭州府志

訓導

趙宜生洪武中　王至　華彥高　岑宗鷴

單挹源　華彥良　王升　劉叙永樂中

詹瑱宣德中　華孟勤正統中　林彌贊　鄭賢

董養性景泰中　王鈍天順中　王拱辰成化中　曹瓚

姚瑄宏治中　林大霖　俞昂　王璵

王福　方準　鄭光琬正德中　張善繼

雷世懋　蘇子受　陳懷　詹拱

張世宜嘉靖中　謝賢　陳元　毛仲麟

劉邦才　譚大綱　諸應朝　李士龍案士龍字應明嘉定人歲貢有集見蘇州志舊志作時龍

潘詩　汪梓

張標　宋守元　季允濟　許導

李惠　朱煦隆慶中　吳憲　梁榜

鍾梧　嚴而泰　張瑚　周邦新

王臣　高鎣　聞九經　謝思謙

鄭從善　項邦憲　孫正誼　余暨

鄭楫　李陽溥　蔣霑　錢瑩

盧惟欽　張應魁　吳敦倫　盛銓萬歷中

王家棟　張養淳　金道合　陳孚嘉

李應日　王國朋　毛尚文　胡自舜

杜如意

案舊志載職官題名多舛互遺漏今據盧學士抱經校正舊志本次第增改各註所據之書以資考覈

國朝

知縣

趙守紀完縣人舉人　余國柱崑山人丁亥進士

胥廷清上元人丁亥進士　陳廷樞丹徒人己丑進士

何縉四川人進士　朱岱貢士　潘雲桂遼東人監生

張仲信奉天人　李成龍遼東人　李樹陛陝西人舉人

康如璉安邑人庚戌進士康熙二十七年任　韋鍾藻黄岡人舉人三十二年任

楊昌言黔西人舉人四十一年任　劉俊高安人四十三年任

高錫爵長樂人舉人五十四年任　張允煓五十八年任

葉愃文雍正二年任　張承熹雍正十年任

趙瑣乾隆二年任　李爔六年任　蔣允焄貴州人進士八年任
施念曾宣城人九年任　陳惟和十一年任　王合十三年任
左維憲十四年任　曾瑄十四年任　張松邵陽人進士十五年任
李化楠羅江人進士十七年任　馬文炳拔貢二十一年任
劉長城澧水人舉人二十三年任　施奕學漢軍二十五年任
王欒陝西人進士二十五年任　舒希忠大興人舉人二十六年任
唐文遠三十年任　王者賢蒼梧人舉人三十年任
多澤厚阜城人舉人三十一年任　陳九霄湖南人三十二年任
顧元揆元和人舉人三十四年任　程朋愫孝感人進士三十八年任
唐若瀛三原人舉人四十一年任

李汝麟山陽人進士四十三年任

縣丞

鄭居謙寧國人　張吾楷建陽人　沈艮賓順天人　生秉正兖州人

姚應選遼東人　趙承祚西安人　莫璨華亭人　陳雲師莆田人

王學伊長武人　丁象乾錦州人　劉光顯遼東人　田守一淮安人

余國佐康熙三十七年任　徐秉政四十五年任

洪雲行五十三年任　張允泰五十七年任

邢玳五十九年任　牛偉六十年任　邵豐雍正三年任　樊琦七年任

邵武十年任　曾光先乾隆十八年任　曹錫寵三十一年任

吳昇運三十七年任　鍾洪忠三十

八年任　章錫文三十九年任

教諭

張懋華　李仕道　陳文高　朱綸

孫楚如　袁之龍新城人　闞仙渠杭州人　沈天錫湖州人舉人

徐孟瑚海寧人貢士　沈煜海寧人舉人　張聯箕康熙四十二年任

徐鍾藝六十年任　沈鎮雍正七年任　周上進年任

馬亶錫乾隆十年任　周助瀾仁和人舉人十六年任

戴永植三十二年任　邰守仁錢塘人舉人三十三年任

訓導

吳懋卿　唐士佳　詹敦　鄭士章

方運昌淳安人　裘治音康熙四十四年任　柴勳雍正四年任

牟亮采十三年任　王雲鯤乾隆十一年任　桂千人十七年任

崔鳳詔二十三年任　唐華三十二年任

汪師曾秀水人三十六年任

典史

王思聖新建人　劉大功德建人　廖康方龍溪人　金士俊大興人

魏在陽富平人　王含光江都人　朱用梅

樊楠棟康熙四十四年任　李蘊生四十六年任

倪旭初五十二年任　尤能五十五年任　程時中雍正元年任

邢明德四年任　黃志綸十一年任　湯永慶乾隆元年任

程之灃十二年年　梁中立十五年任　湯堂和二十年任　張智二十六年任　沈朝相三十二年任　譚際甲攸縣人四十年任

三山巡檢司

高雲騰康熙四十四年任　郝梅四十五年任　楊湝五十二年任　黃灝五十七年任　張進乾隆二年任　白也潔二十年任　蔣正緒二十二年任　王億庚二十三年任　吳秉乾二十七年任　余鳴球山陽人三十六年任

廟山巡檢司

王澤茂康熙三十三年任　張機四十七年任　許成功四十九年任　朱蘭五十八年任　續緣雍正六年任　圍炳十二年任

馬尙鵬乾隆元年任　邵錦芳二年任　劉廷相七年任　俞漣十四年任　張韜二十三年任　張錫燕三十七年任　馬星燕介休人四十一年任

中村巡檢司

李德裕康熙四十七年任　閻應甲五十二年任

祁卓仁五十七年任　宋國光六十一年任

謝邦達雍正三年任　曹作楹乾隆十五年任

利天寵十九年任　秦鎮三十二年任　洪其麟玉屏人四十一年任

大嵐都司各汛駐防把總外委奉文一年更調姓名不及備載

白世粦　丁夔　張玉金　朱兆佳

袁國柱　韓興原　胡運　華山

鄭大勳　徐良達　焦文炎　馬勇

臨山守備

黄廷琰　楊國祥　王爾成　子仲吉

王戍　張吉　王文斗　鄭天錫

錢鏞　王鵡　羅名世

會要元　卷十五下　六

餘姚志卷十六

知餘姚縣事唐若瀛修

名宦

朱然　朱桓　呂岱以上吳　山遐晉

劉杳　沈瑀以上六朝　王恕唐　謝景初

汪思溫　李穎士　趙子潚　湯宋彥

施宿　李子鈞　楊襲璋　史浩

沈煥以上宋　脫脫　李恭　宇文公諒

劉輝　葉恒　汪文璟　傅常

桂德稱　陶安以上元　陳公達　唐復

都昶　黃維　張禧　劉規
胡瀛　張宏宜　張瓚　朱豹
邱養浩　顧存仁　胡宗憲　周鳴塤
張道　鄧林喬　陳勛　丁懋遠
葉煒　馬從龍　董羽宸　梁佳植
袁定　王正中　羅鉞　楊元臣
張勛　劉希賢　譚境　莊天恩
黃埤　馬應龍以上明　胥庭清　康如璉
趙預　蔣允焄　張松　陳九霄
沈偓　周助瀾以上

國朝

吳

朱然字義封故鄣人嘗與孫權同書學權統事以然爲餘姚長城其邑時年十九後遷山陰令然長不滿七尺氣候分明內行修潔累成戰功終左大司馬右軍師三國志

朱桓字休穆吳人爲餘姚長遇疾疫穀食荒貴桓分部良吏躬親醫藥餐粥相繼士民感之終青州牧永樂紹興府志

呂岱字定公海陵人也避亂江南值孫權統事因召署

錄事出補餘姚長寬簡有雅量好賢愛士是時會稽賊呂合秦狼等爲亂權以岱爲督軍校尉與將軍蔣欽討平之拜昭信中郎將後累封番禺侯萬歷舊志

晉

山遐字彥休懷人也爲餘姚令時江左初基法禁寬弛豪族多挾藏戶口以爲私遐繩以峻法到縣八旬出口萬餘永樂紹興府志

孫統字承公中都人爲餘姚令性好山水居職務大體不留心細務縱意遊四明名山勝川靡不窮究永樂紹興府志

六朝

劉杳字士深平原人爲餘姚令在縣清潔湘東王繹發教褒稱之累遷尚書左丞永樂紹興府志

沈瑀字伯瑜武康人爲餘姚令縣大姓虞氏千餘家請謁如市瑀以法繩之又縣南豪族子弟縱橫瑀召其老者爲石頭倉監少者補縣僮權豪屏跡嘉泰會稽志

唐

王怨字士寬太原人對沈謀秘畧登科爲越州戸曹大歷中觀察使薛兼訓以請白尤異表奏之有詔權知餘姚縣令時海寇初殄邑焚田荒怨乃營邑室創器

用復流庸闢舊畬政爲江南列邑之冠終揚州倉曹參軍據白香山集增載

宋

謝景初字師厚陽夏人慶歷中自大理評出知餘姚視民如子民所利害相緩急爲設方畧務令得所縣北瀕海歲苦海患爲築隄捍之境內多湖陂豪强幸侵爲田具奏禁止民又每爭水泉乃創立規繩簿記其高下廣隘啓閉畧刻令諸鄉遵守其後令王敘趙子潚常褚皆梓之名曰湖經自是有盜湖爭利者證湖經乃息瀕海之民多盜煮海禁之不止乃須示約束

令民無失利法亦罔忤而鹽課倍昔又飭勵學官化誨子弟當是時景初知姚其弟景温知會稽王安石知鄞韓縝知錢塘吳越間稱四賢云（永樂紹興府志）

汪思温字汝直鄞人擢甲科授雄州教授轉餘姚令姚鄞接壤思温熟知其俗每有興革必順民所欲民皆父母戴之前令謝景初所築海堤歲久且圮思温繼修其功并海七鄉之田盡復其故又念水利大計曲慎其防終顯謨閣學士（永樂紹興府志）

李頴士字茂實福州人登進士第建炎二年知餘姚縣三年金人入越州郡守李鄴以城降頴士募鄉兵數

千列旗幟以拒之金人不知地勢又不測兵之多寡爲之小卻彷徨不敢進者一晝夜高宗得自定海登舟航海事平頴士遷兩官擢通判州事紹興中爲刑部郎中據揮麈三編增

趙子潚字清卿宋宗室也宣和中進士爲衢州推官時苗傅肆逆兵薄城子潚堅壁拒之城賴以全尋知餘姚有大豪結黨持縣事縣官莫敢誰何子潚窮治其奸由是百姓震悚俗好訟每投牒率千百子潚口決手判無弗得其情新學宮給廩餼督子弟興學校去縣民立石誌思終龍圖學士永樂紹興府志

湯宋彦本姓殷金壇人以祖敏肅蔭入仕遷知餘姚前政多不善去宋彦推其誠意以遇民吏聞善輒從民感其意而吏亦喜爲盡力賦入常先諸邑以通判慶元府去任繼改浙東安撫使參議官據劉漫塘集增

施宿字武子長興人慶元初知餘姚其爲政務大體興廢舉墜不事細謹尤加意風教市田置書教誨學者縣北瀕海歲役民修堤勞費甚宿更爲石堤建莊田二千畝以備增修功與前令謝景初並稱云紹興府志

李子鈞爲餘姚主簿時號李水晶有茶商航海夜與海船相遇更相疑爲盜格鬬殺傷十餘人久繫不决太

守趙忭檄子筠治之子筠曰犯時不知在律勿問具
聞於州杖而遣之忭大稱賞焉紹興府志

楊襲璋字懷玉淮南人同上舍出身調餘姚尉能威制
豪强窮捕海寇終其任盜賊屏息值亂不得歸百姓
爲營田宅居之遂家於姚紹興府志

史浩字直翁鄞人也代同舍魏杞尉餘姚好修禮教捐
俸購地作射圃創二亭每朔望引諸生習射其中封
表嚴光墓道建客星菴祠之乾道四年知紹興又置
義田給鄉賢之後貧困者官至右丞相萬歷舊志

沈煥字叔晦定海人乾道五年進士授餘姚尉歷官幹

辦浙東安撫司公事歲旱常平使分擇官屬賑恤爗得餘姚上虞二縣無復流殍後贈直華文閣謚端憲

據宋史
本傳增

元

脫脫字子安燉煌人初判黃巖累遷餘姚州達魯花赤爲人廉明寬大平居持重人莫能窺其際及事至雨解斧斷張弛得宜民蒙其惠遷秩去老稚涕泣送之

永樂紹
興府志

李恭字敬甫隴人知餘姚州廉平不苟又習文法吏奸不得行時州民役於官者歲終乃代廢其生業恭

爲更定每季代之州產紅米官令歲市白米充稅恭疏請以土產上輸營建廟學乞增置弟子員每輿論難經義墾湖田數百畝菑其廩士民交戴焉後避地餘姚及卒州人裒金葬之元季州人請其子梠知餘姚明初改知奉化稱良令永樂紹興府志

宇文公諒字子貞歸安人以甲科同知姚州晝之所爲必冊記之夜乃焚香告天如古人不欺其心者政敦仁厚存問耆老禮遇儒碩夏旱禱雨輒應人稱爲別駕雨嘗攝會稽縣申理寃滯所活者甚衆累官廉訪僉事紹興府志

劉輝字文大汴人爲餘姚州同知郡守下輝均田賦是時州籍失火豪猾乘時詭匿甚難蹤跡輝手植二栢於庭禱之曰事成栢榮不成則否乃躬履田畝置魚鱗圖鼠尾冊定等平役按畝給由出匿田萬餘畝初輝受檄出舍焦勞鬚髮爲皎及是賦均栢果榮吏民愛之比於甘棠云紹興府志

葉恒字敬常鄞人判州有幹局籌畫久遠數延見父老行誼之士詢咨政理姚有禦海堤潮汐决齧海益內侵民苦之恒更置石堤二千四百餘丈自是遂無海患至正間錄恒海堤功追封仁功侯立廟祀之紹興府志

汪文璟字辰良常山人年十九登進士第授餘姚州判官至元初自翰林編修復來知是州廉謹有政聲豪商武斷海濱又好出鹽利文璟按治其罪然不爲嚴訹務以長者化導之修舉庠序之教誘進諸生身課其業有文翁之風歲旱徒跣禱於山川者凡七日得雨有秋海寇竊發官兵壓境文璟從容應之百姓無擾秩滿去日遮道涕泣如失父母元末兵亂文璟擇地避之曰不如餘姚其民愛我因家焉代文璟知姚者爲郭文煜名稱等於文璟州人立祠祀之永樂紹興府志

傅常字仲常鉛山人以進士調餘姚判官嘗視州篆奸

沮滯決吏民畏戢至正秋海上有警宣閫檄常偵賊定海而常所受兵素不習戰與賊遇弗敵死之常居官有氷蘗聲戍海之役偕一人袒裼以往其母及其兄貧不能歸因家餘姚紹興府志

桂德稱字彦良以字行慈谿人初爲包山山長移長高節士類宗之除平江路文學椽不赴方國珍據甌越辟彦良固辭之聚徒山中講學不倦明起爲太子正字終晉府右相萬曆舊志

陶安字主敬姑孰人初以鄉貢補明道山長移長高節遵用朱子學諄諄化誨浙東西學者踵至强暴之徒

亦慕其化稱爲善人君子尋以公委去職入明安與彥長並起翌載爲名臣萬歷舊志

明

陳公達清江人洪武初知餘姚廉謹不任威刑務以德化時民籍新附狡黠者重輕其籍役病不均公達令各詣縣自實而使里甲彙征之悉其情僞乃次爲上中下戶倣元劉輝造鼠尾冊凡遇差役視冊等差與之無不稱平者後卒於官浙江通志

唐復字復亨武進人洪武末年以進士知餘姚任事勇果擊斷無滯爰書皆手創老吏齰舌拊循懦弱甚著

惠愛終復之任村甿不識隸卒仕終平樂知府嘉靖浙江通志

都邠字文達海豐人以太學生知餘姚縣爲人謹飭勤敏好禮士數過高士張壹民所執禮甚恭延停盡日一民具蔬菜糲飯邠飲食之極歡治縣號得體百姓親附之會丞樂初營建追督材需者旁午縣獨恃邠無擾卒坐稽慢譴逮民爭輸材願還邠邠謝之曰以邠故累吾民也民益德之在縣九年吏胥莫敢鉤致一錢然亦不答辱吏以故吏無怨焉瀕行民爭留其靴於舜江亭有見靴泣下者浙江通志

黃維字德防星子人性嚴毅善斷初蒞縣有丞朱某者貪暴無忌每易維維佯愚以觀之已具得其事輒按去之是時民苦折納需銀維白諸當路當路者折挫維維不爲動愈悉其利害曰但折挫令免折民所甘心焉當路感動曰令乃愛民如此遂得免折納維益展布民大和輯時縣署學校皆圮維完修之民欣欣趨工無以爲勞費者萬曆舊志

張禧字公錫靈壁人以御史謫知縣喜簡靜不務苛細御百姓甚著恩禮獄訟造庭者令具衣冠曰子見父母豈廢禮耶即不肖此獨有法耳爲縣數月德化大

行逖亡復業以允巽擢守杭州父老遮道挽留馬不得前禧下馬謝曰禧何政徒煩父老耳衆皆號泣送至錢塘者千餘人萬歷舊志

劉規字應乾巴人以進士知餘姚剛毅有惠愛所推行務當羣情監司或左其事規持之堅弗爲變監司初憎其强項卒未嘗不稱其賢然規固自如不以是置喜戚也時中官暴横誅求入民骨髓有司不敢抗規獨挺身當之中官聞規素清白無瞻顧卒不敢虐其民成化辛卯海溢大饑疏蠲其租賑貸之尋以憂去其後有賈宗錫張宏宜相繼爲縣與規稱三賢令紹興

府志

胡瀛字孟登羅山人以進士知餘姚時日本入貢騷動鄞慈閒瀛備之益市瓦器實魚菜糗糧至卽人與數器倭得飽輒就道歲饑盡發廩以賑弗給則勸富戶營造令饑民得傭食其家多所全活又奏免田租已賜之半復請折所弗免者及監司督折銀甚急瀛罷弗徵坐奪俸明年有秋民爭輸恐後曰勿復累我公也民爭燭湖水利積年不決瀛乃量其蔭灌爲塘分其湖爭遂息均徭多右細民細民無不得其情者以憂去百姓思之萬曆舊志

張宏宜字時措華亭人初以進士知寧海有聲改知餘姚樂易通儻不修邊幅好賢禮士而獨疾惡異端境內淫祠盡毀之以新公宇自劉規胡瀛賈宗錫及宏宜相繼爲治二十餘年之間更此四令黎民以乂紹興府志

張瓚字宗器六合人由鄉貢知餘姚政平易簡靜正德壬申秋海溢民多溺死浮屍蔽江瓚涕泣躬督瘞之時邑里蕭條民死於溺者皆饑寒不勝瓚力請賑之而當路如故瓚俟其行縣檢荒率饑民路號請貸當路盛氣加瓚瓚應對若響租終獲免民賴全活嘉靖舊志

朱豹字子文上海人舉進士知奉化縣有聲選曹謂其能理繁劇移知餘姚時縣務積弛豹裁治綽有餘力先是縣遣人押囚徒聽里正報名謂之短解里正緣此索財復仇爲患豹但用里正解遣不以煩細民後分守其法民便之遷監察御史萬曆舊志

邱養浩字以義晉江人以進士知餘姚才識閑敏吏莫能爲奸遇事執義不移課諸生別其差等不爽毫髮舊時餘姚賦役多奸欺飛詭影射不可蹤跡養浩洞見弊端定爲橫總册釐正之於是稱爲均平擢監察御史紹興府志

顧存仁字伯剛太倉人以進士知餘姚才識敏贍縣之賦役自邱養浩釐正豪猾復爲奸欺飛詭漏免貧民一丁有出銀九錢以上者存仁乃罷丁課田每歲畝出銀六釐於是無田者得以無擾富者無能賁緣監司推其法於全浙又病餘姚無邑志謀纂述之未就錄遷給事中以去丞金部嗣成之浙江通志

胡宗憲字汝欽績溪人嘉靖戊戌進士初知益都以艱歸後補餘姚縣爲人魁岸彭碩不瑣屑齗齗筐篋之務民間有大利病輒以一籌先之縣有勝歸山瀕於採石宗憲捐俸而歸諸官後爲總督平倭寇復蒞餘

姚受降縣人爲勤功勝歸山上萬歷舊志

周鳴塤字思友蘄水人嘉靖間以進士知餘姚時當軍興之後庶務刓敝鳴塤銳意振飭初行丈田法爲酌定要束畫一以究成事人莫能欺官至廣東叅議萬歷舊志

張道字以中湖口人嘉靖乙丑進士知餘姚廉明仁恕頌聲大作未幾以憂去後官御史萬歷舊志

鄧林喬字子楨內江人嘉靖末以進士知餘姚平恕愛人時縣有水災歲大祲林喬令坊鄉所在作糜飼饑民躬臨視力請當道得穀五千石又多方厝設益之

全活甚衆尤加意學校官終左副都御史三邊總督萬曆舊志

陳昺字世勉寧德人萬曆甲戌進士知餘姚貌不及中人然有吏才元惡數輩憑族氏莫敢誰何昺以計剪除殆盡尤精於識鑒校士高等者率取科第在邑七年官至廣西參政萬曆舊志

丁懋遜字允節霑化人萬曆庚辰進士知餘姚誠心質行政尚簡肅吏畏而民安之學宮縣治屬其鼎新以憂去復除吏科給事中萬曆舊志

葉燁字文光宣城人萬曆丙戌進士以才自上高調任

會歲饑民苓載道百計起之盜發嚴督椽捕賊鮮有脫者然不波累一人久之外戸可不閉姚俗宴會侈槩謝絶曰我與賢士大夫風儉也萬歷舊志

馬從龍字雲從新蔡人萬歷中以進士知餘姚爲人沈默簡貴遇士大夫恂恂文弱至其守法持重責育不能奪歲時饋問無所受懲吏胥之蠹酌爲四議切中肯綮舉事未竣以艱去代令江起鵬踵成之萬歷舊志

董羽宸字遴初華亭人萬歷癸丑進士授餘姚知縣時當倭患奸民與市以致闌入羽宸廉得其人按以法海患始息鄉豪有殺其族屬籍里勿問者羽宸偵知

立出其骸於荊棘中民服如神明後官至吏部左侍郎舊浙江省志

梁佳植字南有宜春人崇正進士知餘姚體緩弱未嘗形喜怒人莫窺其際及鞫訟則屹然不可移餘姚錢穀久爲吏胥乾沒解戶苦之佳植一洗積習民輸賦恐後涖任四載與民休息盜賊斂少去官涕泣送者無算浙江通志

袁定字與立華亭人崇正間知餘姚貧民聚衆肆掠捕得數人未及報即梏殺之而自劾不職隨設法賑濟多所全活浙江通志

王正中字仲撝保定人明末知餘姚縣時兵興公私掠奪府縣莫敢問正中設兵以守各營取餉必使經縣否者以盜賊論陳梧渡海掠鄉聚遣兵會鄉聚擊殺之張國柱自定海西上列船江滸入城牢捜者二千人徐給資糧開營引去田仰荆本徹先後過餘姚舟檣蔽江並俯首帖息縣人恃正中以無恐舊浙江省志

羅鉷嘉靖間丞才守並著聲縣人久而稱之餘姚丞多自好者形家歸勝於丞廨云萬歷舊志

楊元臣雲南太和人萬歷間由選貢爲縣丞爲人樸直關說弗入以病卒不能歸喪縣人憐而賻之萬歷舊志

張勛歸德人以吏除主簿廉不名一錢或諷以罷官無貲奈何勛曰吾積俸一二年置地數頃子孫耕業其中足矣人皆服其操識事母至孝海隄壞率衆修完之萬歷舊志

劉希賢宣城人宏治十五年由吏員授餘姚主簿遭內艱再補餘姚不以家累自隨性狷介遇事顧義每與當道抗至死無悔死之日僚友檢其篋止存俸餘五錢帕二方而已官爲殮其喪歸之浙江通志

譚璋臨桂人正德中以貢士署教諭爲人素長者喜教誨敦師弟之誼諸生貧不能存者必曲爲調助由是

頌者不勝口以憂去諸生追送之人人泣下（萬歷舊志）

莊天恩字元育華亭人嘉靖甲午舉人任教諭是時餘姚諸生率親師友重掌故而天恩喜獎成新進以故士爭趨其門經品題者多聞人天恩與徐階友善階入內閣天恩猶然老博士也然意不屑汲遷刑部司務卒（萬歷舊志）

黃塤豐城人隆慶庚午舉人清標雅範弟子以文藝進者酬對靡倦其以脩脯進面輒亦不問卒於官士論惜之（萬歷舊志）

馬應龍武進人舉人爲教諭恂恂儒雅喜接引門士無

苛禮時相申時行許國爲同年友絕口不及之人重其品萬歷舊志

案萬歷舊志載明以前宦績多本於永樂紹興府志至康志復仍萬歷志之舊唯於萬歷以後增梁佳植胥庭清二人今據盧學士抱經刊正舊志本增唐宋宦蹟四篇復據省志增袁定王正中二傳以補其遺

國朝

胥庭清字丞公江南上元人順治丁亥進士四明山亂城門晝閉而防守之兵聞寇抄畧旣去始出而盡其

所有村落無寧宇庭清以爲將使民盡爲寇也於是遏兵不出設策招撫以萬計已而平定歲大歉饑民載道庭清發粟賑之久亂之後百廢具舉一時能吏也陞工部主事舊志

康如璉字修庵安邑人以進士知餘姚縣多善政康熙二十九年縣大水裂山谷破塚墓湮沒千餘家城不沒者二版如璉從知府李鐸慟哭於行臺請疏蠲正賦徧勸郡中富室出見糧乃羅溫州米以賑有至千金者設賑法教職丞尉分詣各鄉親給民無遺哺吏無中漁行賑官皆自炊不沾里長半菽凡三賑人受

米一石五斗轉徙者沿道爲糜以餉之民困以甦續
修縣志閱三月而書成
趙頎涇縣人以保舉任餘姚知縣安靜善斷民無寃滯
暇則親行坊巷勸善良而懲其不率者民畏而愛之
調秀水去終河南安陽縣
蔣允焄貴筑人由翰林改授知縣乾隆八年涖任發奸
摘伏吏胥不能欺遊民橫於市者悉斂迹持法平恕
所決罰人無後言加意振刷議濬城河修縣志會以
艱去縣人刻其所欲行者爲一書自題曰有志未逮
以貽後人仕終福建按察使

張松郃陽人雍正庚戌進士知餘姚縣乾隆十六年發帑金告糴鄰省多方勸富民輸助賑恤以時旱不爲患調任仁和仕終通判

陳九霄湖南武陵人由舉人知餘姚縣性耿介勤於吏治有妄愬邪教者牽引甚衆九霄廉得其實請於大府盡釋之

沈惺字辰令海寧人康熙癸卯舉人任教諭見學宮日圮首創修葺聖宮旋佐知縣康如璉修繕學校復親製大成樂器善於汲引士論歸之

周助瀾字迴川仁和人雍正乙卯舉人任教諭性廉介

終日危坐讀書家人告米匱不恤也植梅數十本于
學舍暇則與諸生賦詩其閒辨論今古欣然忘倦遷
鎔連知縣

棻遺愛流傳始留宦蹟然廉靜明決功在一時者
也興利除弊功在後世者也縣志久而不修則一
時有聲稱者久或澌湮矣今據見聞所及質諸施
刺史亮齋增宦蹟七篇

餘姚志卷十七

知餘姚縣事唐若瀛修

選舉表一

	徵辟	進士	舉人	貢生
吳	虞翻舉茂才			
晉	虞喜舉孝廉秀才賢良不就 虞潭舉秀才 虞預舉孝廉不至			
陳	虞奇舉秀才			

唐

元和

虞九臯

宋

皇祐元年己丑

胡稷屯田司員外郎

熙寧九年丙辰

虞昆

元豐八年乙丑

虞賓知縣

元祐三年戊辰

陳毅縉雲令

元祐年閒

李尙

紹聖四年

虞大猷

虞寘 賓之弟

元符三年 庚辰

錢克忠

政和五年 乙未

葉汝平 通判

重和元年 戊戌

陳槖 穀之子刑部侍

胡宗伋

郎

宣和六年甲辰

胡[illegible]

案紹興三十年進士高文虎淳熙十一年進士高似孫宋詩紀事作餘姚人省志作鄞人宋時鄞之高氏科甲甚多今從省志不載

宣和五年癸卯

葉汝士

杜師皋

李唐卿

張孝友

高遜

茅寗　案是時越州解額十二名姚居半焉

虞仲璠 賓之子侍講

虞仲琳

胡沂 吏部尚書

茅甯 松陽介

紹興十二年壬戌

傅世修

錢移哲 案紹興三年餘姚刻資治通鑑有校勘進士葉汝士杜邦彥錢

移哲陸宿顧大冶呂克勤張彥衡朱圖輔杜綬孫彬等十人皆姚人而郡學題名止存錢移哲又在紹興十二年餘皆不著今亦莫考其歲月姑附記焉

紹興十八年戊辰

高選武當軍節推

紹興二十一年辛未

孫大中

紹興二十四年甲戌

茅寵寧之弟

虞時中子仲瑤

隆興元年癸未

王邈

李唐卿

莫叔光

乾道二年丙戌

虞汝翼 時中子

淳熙二年乙未

孫應時

李友直

淳熙五年戊戌

厲居正

朱元之

淳熙八年辛丑

趙廷昂 廷袞兄

葉楙 汝平子

淳熙中

孫椿年

朱元龜元之弟
淳熙十一年甲辰
虞時忱時中弟
虞時憲
紹熙元年庚戌
陳用之桌之弟
莫子偉叔光子
紹熙四年癸丑
陳用之再登科
慶元二年丙辰

莫子純叔光姪狀元因有官充第二人

慶元五年己未

胡衛沂之孫總部侍郎

嘉定元年戊辰

余一夔

嘉定四年辛未

虞塤時中孫

嘉定七年甲戌

趙彥械

孫之宏

嘉定十年丁丑

葉明道汝士孫

嘉定十三年庚辰

孫祖祐應符子

茅彙征

嘉定十六年癸未

聞人知名淮西

總幹

毛遇順

寶慶二年丙戌

楊瑾

紹定五年壬辰

孫子秀

孫自中通判

端平中

岑全

方季仁

吳自然

王世威

楊炎

戴鐸

陳煥 知邵武軍

楊釋回

嘉熙二年戊戌

戴得一 鐸之兄

錢紳 移哲曾孫通判

戴浩 得一子

楊鎰 璉之弟浙東安

撫使參議

孫囍 子秀姪知常州

袁灝

趙嗣賢

岑全 是年詞學科

淳祐元年 辛丑

陳膺祖 秦之元孫

羅信夫

淳祐四年 甲辰

張艮孫 知鄞縣

淳祐中

孫子瑾

孫凝

壬午之
趙若淮
淳祐七年丁未
葉秀發
王公大
馮濟國
孫嶸叟林之子
趙若秀
趙時齡通判
朱元光

淳祐十年庚戌

胡夢麟 知壽昌軍

孫林 句容知縣

方季仁

孫嶸叟 再舉博學宏詞科

寶祐元年癸丑

趙與繙

孫象先 之宏姪教授

陳夢臯 膺祖姪黃巖尉
孫炳炎
李碩 教授
錢恢
唐震
寶祐四年丙辰
姚會之 崇仁令
何林
莫子材 子純弟

張頤孫 展孫弟

趙時泰 鄞縣令

開慶元年 己未

孟醇 教授

朱國英 元之孫縣令

趙時暨 廣昌縣尉

趙若鐩

晏垚 殊六世孫隆興府司法官

景定三年壬戌

方山京 本慈谿人後居餘姚

黃炎 太常博寺

黃遇龍 浙江提刑

華景山 臨川簿

陳開先

咸淳元年乙丑

王峻 世威姪

朱沐

景定中

葉仲凱

吳應酉

李午發

方旅

方凝

方仲達 按宋鄉舉軼者甚多其年次亦莫得而詳矣

咸淳四年丁卯
兪廷僩
咸淳七年辛未
厲元吉
楊潭
咸淳十年甲戌
陳應庚東陽尉
周汝暨溧水尉
宋鑒孫承節郎

元大德元年丁酉

徐仲達學士院僉書侍郎

燕宗允宋侍郎世良子沿海制置司幹辦公事

大德二年戊戌

羅大臨長史

王文衡

魏貴龍翰林待詔

大德四年庚子

李世昌嘉興路學

正

楊國賢市舶提舉

大德七年癸卯

王希賢國子助教

高榮龍紹興路教

授

大德十年丙午

孫原彝山陰教諭

至大元年戊申

吳復卿　溫州路判官
唐與賢　浙江提舉司都事
岑賢孫　國子監學錄

至大四年辛亥
史其昌　昌國教諭
魏愷　總管同知
徐彥成　崇文監典

簿

延祐元年甲寅

楊國用嵊縣教諭

李昊慈谿教諭

延祐二年乙卯

李自強蕭山教諭

魏政建寧路學正

延祐四年丁巳

岑伯玉會稽訓導

張溥嘉興路總管太

延祐二年乙卯

黃溍

延祐五年戊午

岑良卿奎章學士

延祐元年甲寅

黃溍義烏籍增入

延祐四年丁巳

孫士龍常州守

岑良卿

守
岑可久河南宣撫司
吳守中復卿子餘姚州學正

至治三年癸亥
岑士貴廉訪使一
云黃巖判官
泰定元年甲子
黃茂餘姚州判
至順七年庚午
黃彰浙江宣司

延祐七年庚申
虞泰廉訪使
至治二年壬戌
岑士貴
楊彝儒學副提舉

元統二年甲戌
汪斌鄞縣教諭
吳鏞象山教諭
王嘉閭淞江財賦提舉
魏銘建昌路學正
汪性本學訓導
至元三年丁丑
史河教諭
至正五年乙酉

方柏 夔州路經歷

胡秉常 台州路學錄

史叔頴 滃州山長

聞人煥 括蒼主簿

史應炎 市舶使

胡璉 慈谿訓導以下

年佚

鄒處恭 台州路判官

至正十年庚寅

宋元僖 繁昌教諭

楊瑀縉雲教諭
岑華卿松陽教諭
胡廷獻象山教諭
楊士恭釣臺山長
李文龍常山教諭
岑俊卿道一山長
劉文彬丹陽山長
趙惟翰永嘉教諭
楊瑛慶元路學正
徐良玘西安尹

楊璲年佚

胡建中
岑文仲
楊得榮嶺南道刑獄提舉
至正十八年戊戌
史鏞山陰教諭
至正廿一年辛丑
史世忠定海主簿
明洪武元年戊申
詔禮部行所屬選求經明

洪武中
薦貢生至明代始可考舊

行修賢良方正材識兼茂及童子之類

車誠

胡惟彥

洪武二年己酉

錢茂彰陝西副使

洪武三年庚戌

岑宗鵬翰林院典籍

趙宜生

洪武三年庚戌

岑鵬慈谿籍

志科錄歲貢拔貢今仍其舊

趙學曾

聞人善慶

朱聯庚主簿

舒好學刑科都給事中

黃均保洪武二十三年廷試第二授北平道監察御史

洪武四年辛亥
王至
許泰
王綱
洪武五年壬子
罷科舉詔有司察舉賢才
朱元傳
岑龔祖邵陽知縣
奉詔采詩
洪武七年甲寅

洪武四年辛亥
岑鵬太常寺丞
洪武六年癸丑
翁希頤初授周府伴讀遷御史謫臨漳主簿

洪武五年壬子
翁希頤案省志誤作希賢餘杭人

胡季本
孫德滋教諭
陳敏
趙元輝桃源知縣
吳養中
徐安美長沙通判
吳壽安衛經歷
馮吉
徐廷圭

朱至善 福州知府

華彥高 本學訓導

胡文煥 上虞知縣

陳伯瑀

洪武八年乙卯

于子安 臨潁主簿

洪武十年丁巳

徐伯庸 定遠知縣

洪武十一年戊午

王在 會稽訓導

吴延齡 清澗教諭

岑文暐

陳宏道 北平按察僉事

洪武十二年己未

宋榮

王敬常 兵部郎中

華彥良 本學訓導

趙謙

岑安道 宿松知縣

洪武十三年庚申

陸雍言

陳順説南海主簿

徐士渭

洪武十四年辛酉

徐得名盧州府知

華孟勤知縣

趙志廣吏部郎中

福建參政

周兼善崇仁知縣

洪武十五年壬戌

李方 江都縣丞

洪武十六年癸亥

李純卿 臨淄主簿

洪武十七年甲子

王旭

莫如琛 將仕郎

趙鳴謙 河南道御史

華宗善 長州教諭

洪武十七年甲子

沈志遠

葉原善 刑科給事中

潘存性

魏思敬

洪武十八年乙丑
楊子秀 麻城知縣
陳公著
岑黼 遼府紀善
洪武十九年丙寅
許子中 山西道御史
岑如轅 鄱陽知縣

洪武十八年乙丑
案自洪武六年罷科舉後是年始詔鄉試舉人給公據赴禮部會試
沈志遠 御史
潘存性 兵科給事中
項復
聞人恪 大理寺卿
魏思敬

翁德延 行人司正
項復
聞人恪
鄒泰 從府志增入

洪武二十年丁卯
魏廷實　刑科給事中
虞文達　福建副使
徐允恭　鳳陽府通判
洪武二十二年己巳

鄒泰　案府志據登科考增

洪武二十年丁卯
朱文會　常州府學教授
朱孟常
朱宗顯　嘉定知縣

趙謙 再被名

洪武二十三年

庚午

徐祖厚

錢友仁 教諭

錢伯英

洪武二十四年

辛未

史孟通 乾州判官

高性之 四川副使

景星

洪武二十五年
壬申
宋邦哲 廣州知府
沈永彩 蘄州知府
張壹民

洪武二十六年
癸酉
韓自寧 南安經歷

洪武二十七年

洪武二十七年

洪武二十六年
癸酉
錢古訓
劉季篪

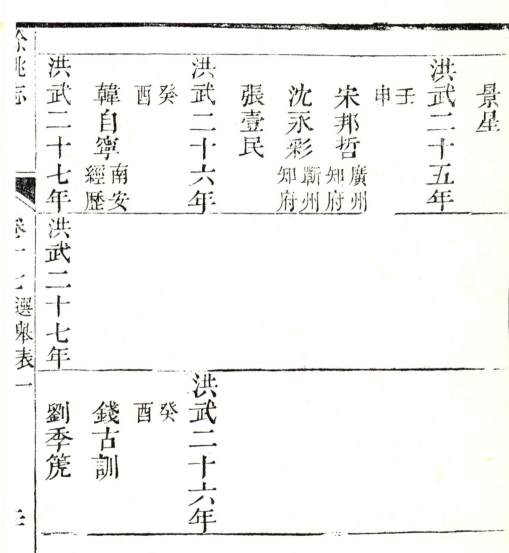

甲戌

宋邦乂梧州知府

岑武治德安經歷

孫尚禮增城知縣

洪武三十一年戊寅

王景祥應天推官

甲戌

錢古訓

劉季篪侍郎

建文二年庚辰

闈入善慶應天榜福建副使

洪武二十九年丙子

馮本清

楊昇錢塘籍徽州教授贈禮部尚書案府志不載

洪武三十二年己卯

永樂元年癸未

詔內外諸司文職官子臣

劉壽愻宜章知縣

潘義上杭縣知縣案萬歷志作縣丞府志同

倪懷敏御史終僉事

葉瑩薊州知州

劉壽愻

潘義

馮吉案省志作癸未舉人

陳性善吏部郎中

永樂元年癸未

陸孟良

永樂中

陳用銘長州通判

民中有沉滯下僚隱居田里者各舉所知

朱虞生

陳叔剛 舉賢良科

陸守政 戶部郎中

永樂二年甲申

方達善 石濬巡檢

永樂二年甲申

陸孟良 吏部主事

柴廣敬 庶吉士

馮吉 御史終州同

李貴昌

柴廣敬 案省志作柴欽

李貴昌

黃廷槐 案作姓葉廷平照磨

尤景隆 刑部主事

黃秉倫 龍南知縣

岑震之 縣丞

胡與賢 兵部郎中

胡思齊 刑部員外

顧立 御史至廣東僉事

方叔彝

永樂三年乙酉
周亶順義知縣
宋緒
趙膚迪二人修永樂大典

永樂四年丙戌
朱孟徵紀善
朱德茂

永樂四年丙戌
徐廷圭郎中
方恢御史

永樂三年乙酉
徐廷圭
方恢
何晟
李應吉
邵式從省志增入

段慶善
王壽邵武府通判
劉魯生
何繹案府志及萬歷志作何驛
趙泰康衛經歷
徐肅彰工部主事
呂時習知縣
李志尹州同
戚熙

張廷玉
劉韶二人修永樂大典
永樂五年丁亥
莫如琛再名
虞煥宣城知縣

何晟御史
永樂七年己丑
聞人晟給事中
翁德賢行人司行人正案府志及萬歷志題名碑俱失載

永樂六年戊子
柴璘豐城教諭
沈彥常教諭
聞人晟經魁
永樂九年辛卯
郤公陽雅縣知縣

韓安遜經歷
毛志倫刑部郎中
岑茂卿案府志及萬歷志作姓任通判
汪悠久萬載知縣

永樂十三年乙未
周徽袁州衛經歷
永樂十五年丁酉
項端金壇訓導

永樂十六年戊戌
舒本謙平定知州

劉辰季旒子應天榜庚子科經元案省志載從省志
陳善增入
永樂十二年甲午
柴蘭
鮑元興寧德知縣
華陽熙山陽教諭
永樂十五年丁酉
夏大友應天榜
舒本謙應天榜

夏大友御史終僉事

柴蘭庶吉士參政

陳寘性善子知歙縣

翁諫從省志增入

戚熙州學正

駱謙案省志作甲午

應天榜

劉端書季篪子應

天榜

楊益從省志增入

楊寧錢塘籍昇子後

家於

歙

永樂十八年庚子
舒子占
永樂十九年辛丑
夏昂北通州知州
永樂二十年壬寅
魏廷柏合肥知縣

永樂十九年辛丑
駱謙清江縣令
沈圭歸安籍

韓允可從府志增入
永樂十八年庚子
邵宏譽
虞鎬定縣知縣
高文通保定教諭
孫泓
何瑄
華孟學案省志作華孟
孝國子監學正

徐熊

李浩 館陶知縣

潘瑄 延長知縣

朱希堯 至善子國子助教

諸均輔 典化教諭

李貫章

沈圭 歸安籍案省志作烏程籍

永樂二十一年

宣德元年丙午
陳贄太常少卿

永樂二十二年甲辰
邵宏譽特授修撰後仕至湖廣按察使
李貫彰南京刑部員外舊志作李貫章
孫泓御史

癸卯
宋驥平陽府教授案省志作宋騏
許南傑
邵懷義潘府長史案省志不載
孫桂漳州通判案省志作桂
宣德元年丙午
毛信興化府教授

宣德年中
宋璘建寧推官

宣德五年庚戌

許南傑庶吉士

楊寧南京刑部尚書

案府志不載

宣德八年癸丑

舒瞳兵科給事使占城後以按察使知泉州

何瑄庶吉士終布政司使

宣德四年己酉

楊文珪通判

宣德七年壬子

夏廷器平定州學正

舒瞳

夏靖應天榜蜀府長史

徐律應天榜建陽教諭案萬歷志及府志作陽

翁順安

許南木訓導

蔣文昂訓導

朱淇桂陽知州

施敏常訓導

正統二年丁巳

潘楷

正統三年戊午

宋楷南昌府教授

正統五年庚申

舉人

楊宜昇之次子案省志作杭州籍應天榜府志不載

宣德十年乙卯

茅秉湖州府教授

余亨永春教諭

正統三年戊午

葉蓍韋之子昌邑知縣

正統中

嚴廸江南知縣

張慶廣信通判

胡孟珪訓導

谷寧

胡淵 雲南左布政使

正統六年辛酉

魏瑤 濬縣丞

正統九年甲子

正統七年壬戌

吳節 刑部主事案府志作郎中

聞人謨 南道御史

潘英 御史

正統六年辛酉

朱縉 希亮子

吳節

潘英

聞人謨

戚瀾 順天經魁

韓岱 應天榜知縣案府志及萬歷志俱作知州

正統九年甲子

徐政 知州

李文昭 教諭

潘輘

錢本餘

陳璨 教諭

陳謨

善鍾 訓導

王深龍溪教諭

正統十年乙丑

陳蘭教諭

正統十二年丁卯

正統十年乙丑

陳詠僉事

陳雲鵬布政司使

朱縉知府

馬庸都昌教諭

陳雲鵬

胡徵福寧州學正

毛吉

潘叔庸陝州訓導　榮府志作叔縈

陳詠順天經魁

虞潤鎬之子順天榜

鎮遠知府

正統十二年丁卯

方端莆田訓導

景泰元年庚午

鄒昕休寧知縣

景泰三年壬申

正統十三年戊辰

楊文琳御史終布政

楊宜御史終東廣副使案府志不載

景泰二年辛未

戚瀾庶吉士

鄭文延津知縣案省志府志萬歷志俱作訓導

張才教諭

王佐開封訓導

楊文琳文珪弟

胡寬應天經魁

李瓊應天榜

景泰元年庚午

俞浩寧德教諭

陳紀光澤知縣

景泰中

虞憲縣丞

黃繹一作吳傑

詔文學才行之士隱於民間者並聽薦舉

楊文奎

華采

岑九畹

陳嘉猷通政司通政

陳渤

魏瀚瑤之子

毛傑

周閈徽府長史

徐海

汪勉知縣

陳嘉猷贊之子

毛裕順天榜

毛祚順天榜建寧通判

錢英訓導

景泰四年癸酉

鄭節

孫輝

陳雲鶚 雲鵬弟

陳雲

莫愚 銅仁知府

孫讚 翰林院檢討

韓恭

夏時

孫信

景泰五年甲戌

孫輝 成都知府

陳雲鶚 袁州知府

陳雲 文選司郎中

徐海 廣東副使

胡寬 御史

毛傑

魏瀚 江西右布政使

毛吉 憲副謚忠襄

景泰五年甲戌

周思齊 崇安知縣

景泰七年丙子

夏時庶吉士終湖廣僉事

景泰七年丙子

孫怡應天榜雲霄訓道

華誠應天榜同州知兖

朱毅應天榜終御史山西僉事

翁信順天榜孫延德王入

案舊志入壬午從省志移入

邵曦虎賁衛經歷

天順元年丁丑

趙顯

岑琬再名

天順元年丁丑

孫信吏部主事

陳渤福建左布政

韓恭高州知州案府志作知府

天順四年庚辰

諸正廣東僉事

李居義經魁貴昌孫四川學正

孫珩國子博士

楊芸案省志作山陰籍

孫蘭興化同知

姜英

天順三年己卯

聞人景暉經魁

徐瓚

天順中

潘勛

邵懷端

汪叔昂知縣

程傑訓導

于慶義

孫彬教諭

殷輅教諭

聞人景暉禮部員外
徐瓚汀州知府

天順八年甲申

諸正
華黼孟學子吉府審理
陳清
柴旋宣城教諭
黃韶
胡恭
舒春順天榜

天順六年壬午

翁遂

邵珉訓導
許晃程鄉知縣
沈文彬教諭
王傑綱之孫贈禮部侍郎
岑和河南推官
楊文璿順天籍崇仁訓導
華晃訓導
吳鵬縣丞

胡恭 河南僉事

翁遂 陝西副使

翁信 廣東參政

成化二年丙戌

陳清 會魁刑部員外

張琳 復姓右都御史

黃伯川 建寧教授案省志及府志俱作教諭

楊榮

錢珍

吳智

成化元年乙酉

石塘 經魁

金石

王濟 邵武知縣

周玉衡 訓導

方肅 典史六年詔廩增生員四十五歲以上者俱貢自程傑至此十四人

莊蕭 知縣

錢濤 縣丞

成化中

王鎬 訓導案府志作宏治年貢

鄒晃 孝豐籍教諭案

史贈太子太保
邵有良 庶吉士終
潯州知府
諸觀 知府
錢珍 刑部主事

成化五年己丑
馮蘭 庶吉士官至江西提學副使

諸觀
許謹 中牟知縣
邵有良
張琳 才之子復姓史
潘義 案省志作錢塘
八

成化四年戊子
陸淵 經魁
馮蘭
王舟

府志作勉
陳渭
華山 訓導
吳泓 訓導
魏濙 經歷
邵驥 訓導
錢稷 訓導
徐詔 衛經歷
柴和 訓導
朱棨 訓導

舒春刑部郎中
鄒儒太僕少卿
胡瓚建昌知府
姜英廣東參政
陳雲鳳江都知縣
王舟工部郎中
黃韶會魁江西僉事

陳雲鳳
諸讓
鄒儒
翁迪
華福
陳儒
邵詮宏舉子泰州同知
胡贊順天榜
滑浩順天榜

胡鑑訓導
徐儀訓導

成化八年壬辰

魏溥　雲南籍　訓導

陳箎　蕪湖縣丞

成化八年壬辰

陸淵　福建參政

楊榮　工部郎中

陳洵　知府

陳謨　雲南提學僉事

陳謨　叔剛孫　應天經魁

黃謙　應天榜

成化七年辛卯

黃珣　解元

盧滋　南寧同知

吳一誠　深州知州

宋昉　贛子欽縣教諭

金鋐

張森　曲阜教諭

黃謙南京刑部主事
吳智工部郎中

成化十一年乙未
謝遷狀元大學士謚文正
諸讓陜西參議
韓明副使
滑浩南昌知府

陳洵嘉猷子錢塘籍
孫衍順天榜
黃肅應天榜

成化十年甲午
謝遷解元
毛憲傑之子
聞人玘謨之子
韓明
邵禮含山知縣
諸讓光山教諭

石塘　豐城知縣

徐諫　同知

郝瓛　武岡同知

楊憲　案省志及府志萬歷志俱作知州

吳裕　順天榜

黃琪　順天榜

陳渭　順天榜夔州同知

張玉　廣西榜開封同

成化十四年戊戌
毛科　貴州提學副使
李時新　工部主事
黃肅　湖廣副使
聞人珇　應天府丞

知桊省志及府志作推官
成化十三年丁酉
孫昇　解元上海教諭
范璋
岑恒　四會知縣
胡傑　信陽學正
吳敘
張時澤
李時新
毛科　吉之子應天榜

纂省志作順天

陳筐　應天榜襄陽知府

成化十七年辛丑

王華　狀元南京吏部尚書

黃珣　榜眼南京吏部尚書諡文僖

翁迪　貴州左參政

成化十六年庚子

王華　經魁

蔡鍊　欽之弟

王恩

魏澄　潞州學正

傅錦　瑛之子

嚴謹　蒲圻教諭

陳倫工部員外
毛憲湖廣副使
徐諫大理寺副
吳裕御史
孫衍御史
黃琪鹽運使
成化二十年甲辰
傅錦刑部員外案府志作郎中
陳雍南京工部尚書

俞潭教諭
高遷
成化十九年癸卯
蔡欽經魁
陳雍
傅瑛深澤教諭
許濬南傑子國子助

吳欽肇慶知府
邵蕃副使
華福會魁湖廣參議
潘絡刑部主事

教案省志作國子博士
王乾仁和籍
汪鋐
華璡
胡洪
邵賁
邵蕃
周仲昕鹽山教諭
王楷臨清學正
胡日章應天榜樂

成化二十三年丁未

蔡欽 鹽運司

毛寶 刑部郎中

安教諭

潘絡 應天榜

翁永年 從省志增入

成化二十二年丙午

翁健之 迪之子經魁

毛寶 經魁

姜元澤 教諭[illegible]府

汪鋐　御史
翁健之　庶吉士貴州布政使
王恩　布政使
華璉　四川左布政使
張時澤　湖州知府

志無省志作諸暨人
楊僩　芸之子
徐守誠
張明遠　同知
汪澤
楊譽　昌化籍
葉訓　博野訓導
鄒泰
宋晃　案省志誤作宗
宏治二年己酉

宏治中

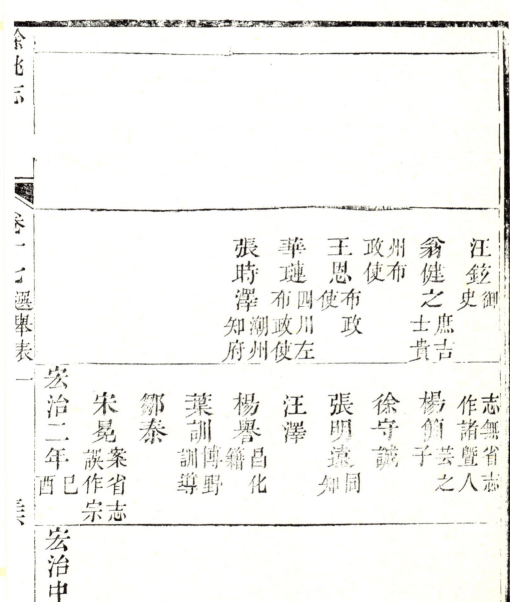

宏治三年庚戌

莊鐸　曲周縣丞

楊滚　松滋縣丞

宏治三年庚戌

汪澤　工部主事

范璋　吉安同知

邵蕡　左布政使

蔡鍊　四川副使

黃瓛　經魁

錢鈍　廣州教授

邵坤

舒聰　連州知州

金淮

汪集　南安通判

陸相　淵之子

鄒軒　儒之子

馮淸　順天榜

宏治五年壬子

陳瑋　建寧同知

陸恆　訓導

鄒江　訓導

孫士元

陳範　訓導

錢綵　昌化籍訓導

陳銓　訓導

華騏

胡玫

翁穆　遂之子通判

弘治六年癸丑

陸相　長沙知府
徐守誠　山東參議
馮清　兵部侍郎
高遷　邵武知府
吳天裕　松溪知縣
楊簡　柳州知府
孫燧　都御史　謚忠烈

孫燧　經魁
韓廉　經魁
姜榮
施德禎　從省志增入府志作正德庚午後
魏朝端　恩恩同知
吳天祐
諸文實　清流知縣
楊忭　長州教諭
陸唐

鄒世隆　孝豐籍訓導
徐鳳　教諭
諸謚
吳潤　雲南籍教諭

宏治九年丙辰

聞人才
朱躍案省志姓宋
王守仁華之子
楊祐
方璽順天經魁
諸忠順天經魁知縣
楊梁廣西榜知劍州
案省志作應天
宏治八年乙卯
夏釜知州

鄒軒會魁刑科給事中
胡洪工科給事中
郜坤新淦知縣
黃巘山西僉事
楊詧廣西僉事
鄒泰順天通判
韓廉山東副使

沈應經按府志入
辛酉
李時暢順慶通判
倪宗正
杜欽西華知縣
黃夔開州學正
徐彬宜都知縣
楊天茂案省志不載
黃堂伯川子

胡諒山西榜安宿敎諭

宏治十一年戊午

胡鐸解元武清籍

孫清順天解元

陸棟淵之子經魁

徐雲鳳江夏知縣

夏璣盧川知縣

黃嘉愛

宏治十二年己未

王守仁新建伯諡文成

陸棟河間知府

牧相兵科給事終廣東叅議

謝迪廣東左布政

王乾 華容知縣

宏治十五年壬戌

孫清 廷試第二授編

謝廸 遷之弟

鄒遐

汪淳

史鸞 琳之子

牧相

張桓 順天榜

嚴敬 應天榜

宏治十四年辛酉

謝丕 遷之子順天解元

修終
少叅
徐天澤 桂林知府
胡軒 兩淮鹽運使
沈應經 南京禮部
主事
宋冕 副都御史
姜榮 松江同知
陳璣 太僕寺丞
黃堂 會魁

黃嘉會 金谿知縣
諸暘 廣州推官
諸絅 諫之子
陳敘 龍陽知縣
胡軒
胡東皐
陳言直 倫之子
張譽 州學正
周旋 虞城知縣案省志誤作餘杭

弘治十八年乙丑

謝丕 探花授編修充日講晉吏部左侍郎贈禮部尚書

徐天澤 順天榜

嚴時泰 湖廣榜

汪克章 山東榜

陳璣 山東榜

駱用卿 陝西榜

弘治十七年甲子

沈德章 經魁

顧蘭 盧州同知

陸遷

李蘭

倪宗正庶吉士終南雄知府
胡東皐僉都御史
諸絢芒部軍民府通判
胡鐸順天府尹
汪和河南僉事

周瀾案以上二人從省志增入
張壔
汪和
陳言正倫之子通判
陳克宅
徐文元
夏濬時之子
陳守卿

正德二年丁卯

許龍

周禮

徐子元

正德三年戊辰

汪克章 廣東僉事

徐文元

黃嘉愛 欽州知州

駱用卿 兵部員外

徐愛 南京工部郎中

俞良貴

正德二年丁卯

陸鈐 淵之子經魁

于震 安福知縣

張逢吉 知縣

史立謨

徐愛

毛紹元 憲之孫

孫邦彥

陳文筐 雍之子

正德中

孫繼先 輝之子

韓昱 昌化籍訓導

柴檠 案府志及萬歷志作姒楊

王志 四川籍知縣

許苗 南傑孫永州通判

鄒思永 孝豐籍訓

正德六年辛未

汪惇南寧同知

張璿刑部員外

嚴時泰工部侍郎

施德楨未仕卒逆

正德五年庚午

管溥萊州通判

周坤崇化知縣

王時泰

郜悳容

孫繼先輝之子應天解元

胡悅經魁益陽知縣

施德楨從越郡賢書增入

導

胡瀾

許鷳廣西籍吏目

羅彝永定籍縣丞

張漢教諭

魏芝

孫煌教諭

宋文俊德清籍

許夔吉之兄訓導

題名碑增入

楊霽　知茂州

施盆　丹陽教諭從省志增入

胡愷　悅之弟河陽知縣

王相　荆州府判

韓洪

郭廉　知蕭縣

徐全　順天榜知歸化

胡昭　順天榜

正德九年甲戌

陳克宅副都御史

王時泰長史

郤德容刑部主事

楊天茂長史

俞名應天榜郴州知縣

盧元愷河南榜魯府長史

正德八年癸酉

陳煥魁經

施信漳平知縣

張瀾

胡玠楚雄知縣

胡瑞

正德十二年丁丑

張懷 廣東參政

毛紹元 參政

朱同芳 長史

陳輔 成都同知

張心

張時敵 雞澤知縣

徐子貞 順天榜

陳璧 山東榜

正德十一年丙子

張懷 解元

龔輝 經魁

朱同蓁 同芳弟

陳煥光祿寺卿
顧遂南京刑部侍郎
徐子龍南昌知縣

顧遂藺之子
毛文炳憲之子
張逵璿之子
聞人銓
毛復
俞瀾仁化知縣
徐子龍諫之子
吳迪盧江知縣
趙塤
張嵩福建榜知縣

正德十六年辛巳

張逵刑科給事中

胡昭南京刑部郎中

邵煉江西副使

邵華山東副使

楊撫提學副使

史立模惠州知府

汪克思貫西榜乘

府志不載

正德十四年己卯

楊撫經魁

史鵷經魁廣信同知

陳塏經魁

邵華

邵煉

楊大章

諸演

顧明復

徐子貞福建僉事
紫萬歷志作工部主事
顧明復
魏有本右都御史
贈工部尚書

魏有本
吳成禮滄州知州
孫耈禮科給事終僉事
任重工部郎中
陳洪範
孫一清
徐元孝奎之子順
天榜知縣
張鏜山東榜
陳琰璣之弟山東榜

嘉靖二年癸未
陸銓餘主事
龔輝南工部侍郎
楊大章刑部右侍郎
張心南道御史

張宿廣西榜
方雲鶴應天榜從省志增入
嘉靖元年壬午
韓柱廉之子府經魁福學
建僉事
徐珊雲鳳子辰州同知
王喬齡嵩之兄刑部主事

嘉靖中
吴文俊
徐子麟
諸森
諸應相訓導
汪以榮以下縣學
陳策

陳洪範興化知縣
張鐙
方雲鶴案府志增入

吳御子敘之
邵艮金
錢德洪本名寬以字行
夏漣知縣
王正思
諸陽讓之子
朱思孟順天榜
黃思齊琪之子順天榜

吳應時
景華
胡慎
鄒思溫
鄔憲
諸績
孫墀尚寶卿
羅應奎永定籍縣丞
黃釜

嘉靖五年丙戌
聞人詮御史
吳惺山西布政
諸演福建僉事
管見廣東參政

陳溥筐之子應天榜
知州
嘉靖四年乙酉
宋惟元
邵元吉
鄭寅
胡與之知縣
徐存義
俞大本同知
姜聯錦

張建
鄒絢
陳大經
吳必諒
江繼辰
潘秉倫
孫邦直
王子彙
盧義之廣昌丞
黃驥

黃良材 知州　案省志作知縣
王綸
管見
吳仁
吳惺
孫陞 鑨之子
吳必孝
胡膏
孫應奎

黃文煥 開州教諭
楊鎬
陳文顯
徐瑚 教諭
胡瀚
陳梯 通判
徐克純 泰州學正
王正志
王時敬 訓導
胡完 句容教諭

嘉靖八年己丑
王思正 建寧知府
孫應奎 副都御史
周如底 太僕少卿

吳琫 雲南榜
葉洪 順天榜 案省志增入舊志入戊子
徐九皐 順天榜 案省志增入舊志入戊子
嘉靖七年戊子
周如底 經魁
俞介 瀾之子 經魁
錢應揚
許來學 經魁 歷知

黃汝通 訓導
錢桂 孝豐籍
吳宗周 雲南籍
陳嘉禾 永寧籍長史
史成教 仙居教諭
楊稿

趙塤 參議贈少保

徐九皋 貴州副使

徐存義 敘州知府

葉洪 兵科給事

三縣

李本 復姓呂

邵基 煉之子

夏淳 釜之子

許安 同知

鄭邦仰

吳至

徐建 歷知福清吉田

有聲

石繼興

胡希周 長山知縣
陸芹 知縣
徐一鳴
毛夢龍
胡德信 改名崇德
黃齊賢
童吉 應天榜
姚翔鳳 從省志增入

嘉靖十年 辛卯

嘉靖十一年壬辰

吴至 惠州知府

于廷寅 山東僉事

毛復 御史

鄧元吉 鳳陽知府

陳墤 會魁湖廣參政

韓嵓 御史

李本 復姓呂大學士

諡文安

錢德洪 刑部郎中

吴轅 仁和籍經魁

夏惟寧 經魁知州

于廷寅 震之子經魁

周大有

谷鐘秀

徐方

管州 兵部司務

顧廉

楊世芳

宋大勺

丁克卿永寧同知

邵焴坤之子知縣棻

省志誤作餘杭

徐恆錫知州

韓苫

錢大經

陳紹先

胡汝存

嘉靖十三年甲午

嘉靖十四年乙未

韓應龍 狀元授翰林院修撰
孫陞 榜眼謚文恪
鄒絅 刑部員外
諸燮 會魁主事
錢應揚 御史
盧璘 監運使
徐方 揚州同知
顧廉 會魁大理評事

孫汝賢 經魁
張元 璘之孫
葉選
盧璘
韓應龍
陸美中
邵時敏 廣東僉事
鄒珩 知縣
諸燮
翁大立

黃齊賢主事
吳轅知州
鄭寅御史
王喬齡參政
邵基南道御史
張元衛州同知
鄭炯福建僉事
胡崇德知縣
羅恩副使
嘉靖十七年戊戌

邵德久邵武知府
鄭炯
王秉敬贛縣知縣
鄒絅應天榜
羅恩湖廣榜
嘉靖十六年丁酉
徐懷愛案省志作

翁大立南兵部尚書

聞人德行尚寶司丞

嚴中贛州知府

蔣坎臨江知府

葉選工部郎中

諸敬之廣東僉事

宋惟元主事

海寧籍

聞人德行

諸敬之

胡安軒之子

宋大武大勺兄

岑如

嚴中

胡正蒙

陳柔

韓臯岳之弟

嘉靖二十年辛丑

蔣坎

周仕佐

王守文 華之子順天通判

孫坊

陳蕘 輔之子知府

張建 鎮順天榜茶省志作應天榜

嘉靖十九年庚子

陳陞 煥之子經魁

陳陛 會魁 謚文僖

宋大武 參政

徐一鳴 饒州知府

吳必孝 湖廣僉事

陳美 中副使

宋大勺 山東督學副使

陳采

金華 刑部郎中 岳州知府

諸應爵 絢之子

魏有孚

童夢蘭

何一清

金華

楊元吉

張逵

朱岳 晃之孫

王嵩 喬齡弟

孫佳 坊之兄

王篤 寳慶知府

周大有 御史

鄭邦仰 知縣

陳墀 湖廣副使

朱嵒 按察使

谷鍾秀 山西叅議

嘉靖二十三年 甲辰

周仕佐 會魁山東

黃釜 經魁順天榜

周如斗 順天榜

汪世安 克章子順天榜

陳墀 煥之子應天榜

嘉靖二十二年 癸卯

邵漳 蕃之孫經魁案舊志作蕃之子

諸暐

僉事
俞介 知縣
趙錦 刑部尚書謚端肅
胡安 陝西參政
邵漳 陝西參議
孫坊 郎中
孫稷 御史
張達 辰州知府

毛子翼 同知案府知作知縣
邵稷
陳南金
趙錦 塤之子
盧大經 案省志作杭州人王府審理
胡瑩 東皐子僉事案府志及舊志誤作胡翼
韓弼 案省志作平湖

八

毛丞良

康濤 知州

姜子羔 仁和籍

吳宗堯 雲南榜

孫鑨 陞之子下皆順天榜

孫鎡 墀之子

沈譜

錢仲實 是科叅冒

籍錢仲實革沈諧發原籍入學以子應文貴封大理卿壽八十賜祭葬

嘉靖二十五年

丙午

胡造 經魁

范國輔 知縣

楊誠 憲之孫知縣

姚正 知縣

嘉靖二十六年

丁未

胡正蒙 會元廷試第三歷翰林院侍讀充裕邸講官官至祭酒贈禮部

	侍郎䁥一子
	翁時器　福建參政
	楊世芳　汀州知州
	韓弼　提學副使
	孫汝賢　知縣
	周如斗　副都御史
	徐懷愛　知縣
	嘉靖二十九年
張辰	
楊九韶	
楊山　憲之曾孫知州	
蘇民牧　同知	
陳成甫	
翁時器	
鄒炫	
嘉靖二十八年	
己酉	
邵晙　經魁	

庚戌

胡膏 徽州府同知

諸暲 工部主事

楊元吉 行人司

孫佳 郎中

邵埛 德久子經魁知縣

陸一鵬

黃尙質 景州守

胡升

陸夢熊 一鵬從子

徐紹卿 建之子棨府志作紹慶

孫汝賓 應奎子

吳敬夫 知州

孫汝淮

周大宇 知縣

顧文 仁和籍

胡孝 仁和籍二

孫鋌 陞之子順天解

元

周思齊 如底子順

天榜

知縣

張孔修 福建榜郎

中

鄭漢 順天榜 從省志 增入

孫科 貴州榜 從省志 增入

嘉靖三十一年 壬子

諸大圭 絢之孫解元

倪章 知縣

項邇 知縣

嘉靖三十二年 癸丑

孫鋌 南京吏部侍郎

楊九韶 南陵知縣

姜子羔 行太僕卿

毛惇元 文炳子

郘遠 改名甄 知州

楊崑 憲之曾孫 推官

唐景禹

陳有年 克宅子 經魁

顧逵 蘭之子 京府判

楊乾 撫之 知子三

人順 天榜

黃驊 肅之子 應天榜

嘉靖三十五年丙辰

孫鑨吏部尚書謚清簡

陳南金工部主事

胡孝嶽州知府

同知

李元泰雲南榜

嘉靖三十四年乙卯

姜天衢聯錦子經魁知銅陵縣

韓鼇明之孫經魁知縣

孫大霖

史嗣元琳之曾孫

陸一鵬 兩淮運使	唐景禹	徐紹卿 興化知府	孫大霖 刑部郎中				
任春元	楊世華 世芳弟	謝用模 遷之孫	周光祖	胡權 改名時化	馮天衢	沈祖學 順天榜知州	葉廷 改名之盛開建知縣

胡郁 應天榜

張翊元 遠之子順天榜通判

嘉靖三十七年戊午

孫汝賁 經魁

張哲 時澤曾孫經魁

錢應鵬 改名應斗京府判

鄒堪 石埭知縣案省

嘉靖三十八年己未

毛惇元 會魁榜眼

陳覲 雲南參議

陳成甫 江西僉事

邵晙 行太僕少卿

胡維新 陝西參政

史嗣元 湖廣副使

夏道南 廣東副使

張岳 刑部右侍郎

志作仁和人

夏道南

徐廷蘭 知縣

陳三省 雍曾孫同知案省志及府志作知縣

胡希洛

孫鏞 知州案省志作知縣

張紳

葉逢春 遐之子

嘉靖四十一年

胡維新 安之子

姜天麒 聯錦子曾

州卿

州

顧夔 遂之子

陳觀 煥之子

孫鈞 陞之子改名鍒

朱應時 案府志又載上三人皆順天榜

嘉靖四十年辛酉

張鋅 苗之弟經魁

壬戌

陳有年 吏部尚書諡恭介

任春光 廣東僉事

諸察 廣東參議

楊世華 廣西按察使

朱應時 太僕少卿

周思充 御史至湖

周思充 知州子經魁

錢立誠 知縣

管府 見之子長史

徐執策 守誠孫

胡旦 東皋子

諸察 文實孫

蔣勸能 坎之子順

天榜

吳邦奇

廣參議

嘉靖四十四年乙丑

顧褒 福建按察使

徐執策 臨江同知

葉逢春 鄖陽知府

蔣勸能 湖廣參議

嘉靖四十三年甲子

史錪 鵷之孫經魁

史銓 錪之兄

史自上 立模子平陽府同知

沈應文 譜之子

張堯年 璿之曾孫

任德正

盧中 福州同知

鄒墀

黃兆隆

姜子貞子蓋弟知州

陸詔淵之孫

嚴應元改名昌世江州同知案省志作仁和人

顧奕達之子知州案府

張道明志作

餘姚志　卷十七

隆慶二年戊辰
邵陛　刑部左侍郎
沈應文　南京吏部尚書

隆慶丁卯
呂祖望　冒籍革四人皆順天榜
顧穀　遂之子應天榜
范樘　業省志增入

隆慶元年丁卯
楊文元　山之府子經學
魁改名文煥
管稷
鄒學桂

隆慶中
孫應龍　恩貢
宋惠　恩貢以下縣學
錢應乾　州判
葉遴　教授

鄒學柱　布政使
張堯年　廣東副使
鄒墀　布政使
張翀　江西按察使
孫如涯　員外至長史
部一本　嘉定知縣
張道明　庶吉士盧州府
孫綜　太僕寺卿

部陞　德久子
潘日仁　通判
部程　基之子南京刑部郎中
陸部　改名鎮默
部一本
周思宸
孫如匯　案舊志作汝匯
趙邦佐　案省志無

部名　知武邑贈左布政使

孫汝賓大理評事

隆慶五年辛未

史鈳編修

陸夢熊江西副使

俞嘉言高州知州

周思宸提學副使

黃兆隆知府案舊志誤作兆龍

諸大木應爵子順天榜知縣

隆慶四年庚午

李槃經魁

諸大倫讓之曾孫

李乾養推官

胡邦彥知州

蔣京通判

史元熙自上子

陳希伊南金子

胡時化 御史至河南參議

管稷 湖廣副使

諸大倫 兵部主事

丁世偉 改名懋建

施俸 知縣

俞嘉言

陳縉 知縣案萬歷志作知州

孫鑛 陞之子順天榜

宋可久 岳之子順天榜知州

宋惠 應天榜知縣

萬歷元年癸酉

萬歷中

萬曆二年甲戌

孫鑛 會元尚書

史元熙 江西僉事

葉遵 工科給事中

丁懋建 澤州知州

孫健 雲南軍籍

邵夢弼 蕃之曾孫府學

經魁

史重淵 知縣

胡時麟

鄭道 知縣

邵瑜 堪之弟案省志作仁和

葉遵

管應龍 府之子

錢應樂 德洪

胡正善 縣丞

孫如亮 應奎子案府志及萬曆志作汝亮

汪以華

呂式 訓導

錢應量 教授

陳邦奇

楊大亨

鄒登庸 訓導

姚程

萬曆五年丁丑

諸大圭 工部主事

徐震 增城知縣

張敬祈 懷之孫

周思文 知縣

黃化龍

鄭昌國 福建榜

盧夢錫 順天榜從省志增入

萬曆四年丙子

孫如游 墀之孫

張雲鶴 長史

毛秉光

高廷柱 寧波府訓導

韓洵 鏊之子選貢

邵頻達 選貢

盧夢桂 義之子

黃朝選 仁和籍

黃夔 堂之子貢元

姜效乾 選貢通判

張元化 撫州教授

葉以圭 知縣

管應鳳兵部主事

毛鳳鳴通判
徐震
盧元復仁和籍
孫如法鑨之子順天榜
韓子祁鄒之子順天榜案省志作平湖人籍州同知
朱士貴同芳子應天榜通判

毛懋仁以縣
陳宗信阿迷知州
俞楠教諭
童文訓導
胡睿東皋孫訓導
王子佐日照知縣
張應元達之子袁州府教授
王承訪訓導
張讓訓導

萬歷八年庚辰

鄒夢弼福建僉事

李槃推官

胡旦岳州知州

孫恩述貴州中式

解元從省志增入

萬歷七年己卯

史記勳銓之子

蔡崇知縣

張集義岳之子

姚文德

聞人金和

陳鏃陞之子順天榜

應世科案府志台

胡汝器

徐廷銓訓導

張燮應元子選貢

諸希獻選貢

徐應斗

朱宇道貢元授從化知縣

鄒應祺恩貢

舒相山東籍

徐如堯香河籍

萬曆十一年癸未

胡時麟 庶吉士仕至雲南僉事

史記勳 彰州知府

楊文煥 刑科給事中贈光祿卿

姜鏡 贛州知府

陸鎮默 刑部郎中

州籍順天榜 汝州同知

萬曆十年壬午

姜鏡 子羔子解元

陳治則 三省子

史秉直 嗣元子

吳道光 敘之曾孫

呂允昌 本之孫順天榜

顧陟 奕之子應天榜

葉重光 本籍

韓孟 平湖籍

吳震 雲南籍

錢誌 孝豐籍案府志及萬歷志作錢誥

翁日可 訓導

陳萬言

許漸 訓導

趙應龍 州判

趙應機 州同

陳本鎔 保定通判

呂允昌 吏部主事
聞人金和 知府
孫如法 禮部主事
姚文德 會試中式
卒
萬歷十四年丙戌
吳道光 無爲知州
張集義
楊宏科 大理寺左
卿

沈裕 武康籍
孫思繼 從省志增
入貴州中式
萬歷十三年乙酉
陳謨 經魁
陳治本 三省子
孫繼有
丁履泰
徐應登

胡性仁
史芳 梧州府教授

孫繼有 知府

孫應龍 知縣

朱應龍 通判

諸元道 文實曾孫

楊宏科 九韶孫

陳所志

張釜

東志科 知縣

丁浚 歸安籍

張紹魁 順天解元

孫鉝 鏑之弟

周昌憲 思充子

葉敬應 洪之孫德州籍案耆志及萬歷志作敬愿府志失載

史記純 銅之子

孫唫

楊日章

胡正道 以上俱順天榜是科叅冒籍胡正道史記純孫唫楊日章俱革

萬曆十七年己丑
楊維嶽貴州僉事
陳鍭
陳贇生

正道更名姓工道原舉戊子應天案萬歷志作更名王國昌
張大光從省志增入
萬曆十六年戊子
黄應元改名琜
楊維嶽
朱錦
陳贇生

呂昇改名允昇知縣

毛可儀

蘇萬傑雲南右布政

沈聞臣歸安籍案省志作烏程

鄒欽倫甄之子改名伯棠應天榜

陳談從省志增入

王國昌從省志增

萬歷二十年壬辰

朱錦 河南副使

陳治本 參政

陳治則 吏科給事中

沈裕 御史

丁浚

葉敬愿 知縣

萬歷十九年辛卯

毛起鳳 解元 秀水籍

魯史

孫如洭 鋋之子

童志仁

韓世忠 桂之曾孫 案省志及府志萬歷志俱作思忠

萬歷二十三年
乙未

戴王言
張約禮 岳之子
陳本欽 克宅曾孫
張王化
潘陽春
鄒圭 德久子 順天榜
萬歷二十二年
甲午
周汝明
黃榛材 仁和籍

孫如游 諡文恭
黃化龍 行人

萬歷二十六年
戊戌

呂允礽 本之孫 順天榜 雷白知縣
葉憲祖 逢春子
朱有光 二人俱應天榜 案省志作順天榜 崇德人 監利知縣

萬歷二十五年
丁酉

邵炳文 稷子孫
蔣一驄 坎之孫

戴王言　廣西布政使

潘陽春　廣東參政

趙應貴　埴之曾孫

宋德洪　大武孫連江知縣

諸允修　仁和籍

黃三策　驊之孫六合籍應天榜案舊志誤作黃三

金煉　案省志及府志萬曆志俱無

萬曆二十八年

餘姚志　卷十七

萬歷二十九年

辛丑

蔣一驄太常寺卿

徐應登御史

諸允修光祿寺卿

庚子

聞人宗望德行孫

姜一濂鏡之子後改名逢元

邵元凱黃陂知縣

俞三賜

鄭之尹案府志作之伊省志作會稽人

王先鋐守文曾孫

萬歷三十二年
甲辰

順天經魁
毛柏　寶元孫順天榜
鄒顧達　應天榜
邵于巘　仁和籍
史起英　海寧籍案省志作啓英

萬歷三十一年
癸卯
邵喻義　漳之孫
馬希曾

魯史山東提學副使

葉大受山東參政

陳謨廣東副使

史記緒子銅之

諸正案省志作朱一正

葉大受

趙應標

楊培文煥子

朱一騏海寧籍六安知州

孫奕美從省志增入

張盛治從省志增入貴州中式

萬歷三十四年丙午

馬成允知縣

吳煥章高州通判

吳成德茂州知州

馮國英叅省志作錢塘人

潘瑞春順天榜

萬歷三十五年丁未

金煉順天籍河南陝西右布政

萬歷三十八年庚戌

胡一鴻贈太僕卿

黃琜

潘融春江西叅政

張燮遵化知州

沈景初二人皆應天榜

萬歷三十七年己酉

翁日襄知州

呂邦翰

郤鳳廷

張治績

潘融春

張紹魁

萬歷四十一年癸丑

王先鐸同知案省志作會稽人

王業浩案省志及府志作山陰

胡一鴻

錢養民順天榜永定知縣

萬歷四十年壬子

陳孔教四川副使

胡敬辰

姜逢元 尚書
沈景初 吏部員外
王業浩 尚書
朱瀛達 江西叅政
孫如洵 池州知府

胡一鶚
朱瀛達
施邦曜 員外
張廷玉 案府志及
盧成欽 省志作承欽
孫業釗 房縣知縣
童學賢 盧州同知
孫如洵 上二人俱順天榜

萬歷四十四年

丙辰

黃尊素 謚忠端

陸一騏 行人

盧成欽 御史

姜一洪 太僕寺卿

萬歷四十三年

乙卯

黃尊素

李安世 槃子

邵爲棟

姜鏜 工部員外郎

姜一洪 案省志作會稽籍

陳公慶

俞鳳章 推官

黃憲冲知縣應天榜

陳士聰

邵賡智教諭

蔣茂浙副使三人皆順天榜

萬歷四十六年戊午

蘇萬備東陽教諭

魯時昇順天榜

萬歷四十七年己未

施邦曜　諡忠愍

呂邦翰　行人

葉憲祖　按察使

魯時昇　庶吉士

朱啓英

馮國英

天啓二年壬戌

胡敬辰　禮部員外郎

周官　順天榜知縣

胡鍾麟　武康籍

周啓祥　崑山籍應天榜

孫炳奎　雲南榜

天啓元年辛酉

翁日穆

史啓夔　元熙孫敎諭

熊汝霖

天啓中

邵純仁　廬州通判

許兆金　弋陽知縣

邵應祿　訓導

朱鉞　錦之弟延平府

天啓五年乙丑
鄭之尹大同僉事

胡從正順天榜同知案省志作山東中式
天啓四年甲子
鄭翼雲
張廷賓望江知縣
高騰蛟知縣
方啓元知縣
諸允儼
郜士龍
張存心

通判
史可章大理寺寺副
朱鐖恩貢教授
潘之夔
許鏘應天副榜貢常州府通判
姜鏻順天辛酉副榜貢授永昌通判
朱銑恩貢官長史

崇正元年
鄭光昌工部郎中

鄭光昌順天榜
天啓七年丁卯
楊國璧教諭
吳恭章禹城知縣
楊琪森
于重華
陳士瓚
滑彬順天榜
李嗣宗順天榜從
省志增入

胡祖舜金華教授
史秉鑑松江通判
崇正中
府學陳士繡
陳公時
諸渭
史可鑑武岡同知
以下縣學
史可贊
姜應望杭州教授

崇正四年辛未
于重華知府
熊汝霖
胡宗麟

毛寬應天榜從省志
增入
崇正三年庚午
陳相才
邵毓材知寧州
潘同春知滿州
潘之敩
金淶
岑君玆
李盛世順天榜檗

禹貢
徐重明
陳王前永嘉教諭
徐進明思恩知縣
宋德滋同知
陸爲楠
胡遵度
龔應宿案府志作宗宿
諸縹案府志作姓朱

崇正七年甲戌

之子粲省志作山陰人清豐知縣

邵光允粲省志富陽籍

邵之驊杭州籍

李芳春從省志增入

李建從省志增入

崇正六年癸酉

岑鐍同知

胡鍾亮台州府教諭

胡鳴鑾

羅粹美

黃宗會拔貢尊素子

邵秉孝乙卯副貢

邵明善恩貢

鄭翼雲刑部郎中

鄒之詹兵科給事中

鄒葉槐鎮海教諭

張羽翀

孫先梅嘉興教諭

高攀桂

張寄瀛山陰籍

孫嘉績順天榜

魯應朗順天榜知縣

崇正十年丁丑

陳士瓚　進賢知縣

潘同春　蒲州知州

孫嘉績

姜應龍　陽信知縣

姜應龍　本姓邵順天榜

邵泰清　仁和籍

崇正九年丙子

邵秉節　元凱子經魁

馬晉允

嚴之偉

孫之龍　山陰籍案省志作劉子龍

崇正十三年庚辰
邵秉節太常寺卿
陳相才給事中
姜謙受中書舍人

蔣汧本姓毛嘉善籍
崇正十二年己卯
宋賔王德洪子解
元房山知縣
姜謙受案省志作姜受
朱名淳禹城知縣
邵琳洪洞知縣
沈景怡應文子應
天榜

崇正十六年癸未

李安世尚寶司卿

嚴之偉知縣

戴長治禮部主事

戴長治秀水籍經魁

崇正十五年壬午

孫震東光知縣

鄭慶坤

朱雅淳名淳弟大理知府

韓肇甲

程法孔

羅展應天榜經魁

許暢應天榜德安知府

姜希轍順天榜奉天府丞

國朝

順治二年乙酉

袁懋功順天榜香河籍案府志及舊志闕載

順治三年丙戌

鄒嘉允額達子酉

順治三年丙戌

袁懋功山東撫院

順治中

案學政全書貢生之途有五曰恩貢曰副貢曰拔貢曰歲貢曰優貢今從學政全書詳載

順治四年丁亥

胡惟德 中書

孫應龍 德州知州

案省志增入

安知府案省志作富陽人

府學韓元俊 象山教諭

張燁

姜一治 魏之子

童奇齡 教諭

孫暘 漳州知府

孫應龍

孫積滋 樂昌知縣

許元孝 知縣

以下縣學

張之楙 桂陽知縣

邵洪庚 兖州同知

王振孫 德清教諭

潘偉

岑崧

鄭安仁

邵洪襄 伯棠子玉

鄒光紀

回籍

夏象賢 教諭

順治六年己丑

鄔景從河南提學副使

戴京曾大理寺丞案省志作錢塘籍

鄭龍光平湖籍分守涼莊道

胡惟德順天榜

鄭龍光平湖籍

順治五年戊子

項臯臨漳知縣

鄭光國韓城知縣

周景從本姓鄔

夏復

呂應鐘

徐岱知縣

謝鶴翥山陰籍敬

韓鉉

呂康成

吳振宗

黃顯之

朱領淳

胡燧庚子副榜

鄭元吉連江縣丞署縣事

袁懋德順天籍都給事中

順治九年壬辰

呂應鐘 戶部主事

辰子主事

順治八年辛卯

張之栻 釜之孫 遂安教諭

張晉 慶元教諭

楊翥 知縣

余復亨 省志誤作餘杭

陳祖法 謨之孫 晉州知州

張楷 河南籍 荆門知州 以下皆選貢

翁年奕 任邱知縣

孫光炅 伊陽知縣

高選 知府

陳相文 歸德知府

姜天權

曹廷樾 會稽籍 知上元縣

順治十二年乙未

戴錫綸羅定道

王泰來東陽教諭

鮑經綸錢塘籍

楊應標案府志及舊志闕載

鄒汝懋順天榜案省志無

順治十一年甲午

鄒皇嶽子之詹

沈振嗣子景怡

俞嶙

順治十五年戊戌

胡鄂

岑膺　鉅野知縣

何繹之　東陽教諭

戴錫綸

姜廷榛　會稽籍

諸用章　順天榜

史起賢　順天榜

南糧儲道

順治十四年丁酉

鄭灝　光昌孫

馬晉允 翰林侍讀
沈振嗣 庶吉士
俞嶙 從化知縣
胡鄂 松江推官
史尚轍 狄道知縣
順治十六年己亥
鄭夢坤 藍山知縣
順治十八年辛丑
邵昆嶽 商河知縣
余復亨

張致敬 本姓徐
史尚轍 記勳孫
姜岳佐 本姓孫汝貞曾孫慈谿籍
順治十七年庚子
朱約淳
鄭耀如
康熙二年癸卯

康熙中

張致敬

朱約淳泰安知縣

錢增本姓沈案省志作仁和籍

康熙五年丙午解元

徐景范

史在官記勳曾孫

陳祖則謨之孫

韓士淇子祁孫平湖籍

康熙八年己酉

鄧宏堂之詹孫經

張之森

呂淑虎

胡覺成

黃元

趙宏基壬子歲貢

徐景瀚壬子拔貢

慶元教諭

從祀鄉賢

樓元甲寅歲貢

葉旦乙卯副榜

孫文明丙辰恩貢

康熙十二年癸丑
姜子琦

魁獨山知州
邵元度
諸燝魁
康熙十一年壬子
姜之琦 案省志及府志作會稽籍
宋徵烈
馬一驄 大興籍
羅珩 宸之姪 俱順天榜

沈鏞 丙辰歲貢
吳楚 戊子歲貢
邵颺言 己未歲貢
姜垚 會稽籍歲貢
陳新烈 辛酉拔貢
朱標 辛酉歲貢
俞鼎 辛酉副榜景寧敎諭
徐交値 壬戌歲貢
韓晉 癸亥歲貢府學

康熙十四年乙卯
蔣茂沇鎮海教諭
盧鑄
邵宏魁昌邑知縣
滑吉人案以上二人從府志增入
康熙十六年丁巳
高華
戚元士
姜希輅案省志及

嚴以振丙辰歲貢
餘杭教諭
韓鼎戊辰歲貢
孫之存庚午歲貢
案府志作子存
嚴宣辛未歲貢訓導
諸藻壬申歲貢
樓鎮甲午歲貢
蔣珍癸酉拔貢
徐景洵丙子歲貢

康熙十九年庚申
黃宗羲 特徵遺獻

康熙十八年己未
邵元度 韓城知縣

府志作山陰籍
姜公銓 案府志作會稽籍
康熙十七年戊午
蘇滋怍
史漢
姜承焗 案省志及府志作山陰籍
金宣 仁和籍從府志增入

邵熺 戊寅歲貢
鄔佩珍 己卯副榜
徐景濤
朱緯
陳日楙
謝司徵
史翼韓 辛巳恩貢
姜兆驊 拔貢會稽籍

康熙二十年辛酉
姜承烈順天榜案省志及府志作山陰籍
康熙二十三年甲子
邵燦
邵焻
呂師時新昌籍
康熙二十六年丁卯

府學蘇滋恢拔貢
諸起新壬午拔貢
朱之瑜辛未歲貢
史在濂乙酉歲貢
史一郜乙酉副榜
寧海教諭
徐夔丁亥歲貢
黃鐘己丑歲貢
姜承濂辛卯歲貢
孫之達癸巳拔貢

康熙二十七年戊辰

陳元 思州知府

姜承爖

宋徵烈

康熙三十三年甲戌

蘇滋忭 丹稜知縣

陳元

康熙三十五年丙子

朱衣客 棠府志無

何光煥 洪雅知縣

張嘉成 癸巳歲貢

諸敷言 乙未歲貢

鄒倘 丁酉歲貢

馬行 丁酉副榜

韓觀 己亥歲貢

孫浚
謝轍
毛聃
姜兆驊　會稽籍
邵昌文　喻義縣海
寧教諭順天
中式案府志
入本省榜
諸日圭　順天榜
邵之政
邵琮　大興籍　大竹知

縣

康熙三十八年

己卯

王芝本姓張

潘彝水順天榜

康熙四十一年

壬午

鄒坡琳之孫

孫金嵎順天榜

章淳

康熙四十五年
丙戌
諸起新翰林院檢討
姜承讌

周士
王苹歷城籍
康熙四十四年
乙酉
邵向榮琳孫鎮海
教諭
周鏞
馬淑泰
姜承讌會稽籍
諸起新順天榜

孫藹 順天榜

史永 榜姓姚

康熙四十七年 戊子

蘇滋恢 順天榜

康熙四十八年 己丑

邵之旭 大興籍

邵之旭 金壇知縣

康熙五十年 辛卯

孫檟

康熙五十一年 壬辰

孫之詩

邵向榮

姚暹

康熙五十二年
癸巳
蘇滋恢杭州府教授

徐洙學山陰籍榜姓王蘭谿教諭
康熙五十二年
癸巳恩科二月鄉試
何伊思
韓黃猷案府志作黃猷
徐宗枚
楊邦翰順天榜
康熙五十三年

甲午

嚴垓 湖州府教授

楊之楨

沈王岱

康熙五十六年

丁酉

邵繼雲 榜姓鄭西鄉知縣

邵之楷 順天榜大興籍寧鄉知縣

康熙六十一年壬寅

邵坡特徵內廷纂修

雍正元年癸卯恩科

葉正夏山東榜德州籍

康熙五十九年庚子

朱寻一四會知縣

沈莫尚嘉興教諭

邵大生琮之子順天榜大興籍

雍正元年癸卯恩科

雍正中

岑元亮癸卯副榜

翁運標 道州知州

邵大生 大名教授

馮翩羽 後改翮飛 知縣

翁運標

鄭世元 海寧籍

雍正二年甲辰

二月鄉試補癸卯正科

孫鑄文 即墨知縣

張廣心

張芝

謝宜相 順天解元

仁和籍樂清教諭

何光耀 癸卯恩貢

俞公旦 歲貢品誼純正學問淵深

倪繼宗 歲貢遂安訓導

陸獻猷

徐世棠 歲貢仁和訓導行誼敦厚設教端嚴

俞望隆 戊申歲貢

酆都知縣
胡師弦 順天榜榜
姓周正字
雍正四年丙午
張景南
胡世鈺 霞浦知縣
邵余芝 順天榜
史錦濟 順天榜寧知州
雍正七年己酉

陳日耀 己酉副榜
鄒蟒 己酉拔貢
府學 施有恩 己酉拔貢
府學 謝起龍 己酉歲貢
朱觀 己酉歲貢
胡作梅 壬子副榜
史在鈞 壬子副榜 順天籍
陳夢炎 壬子歲貢 處州訓導

雍正十三年乙卯

雍正十一年癸丑
邵大業徐州知府

邵自勵大興籍順天榜虹縣知縣
雍正十年壬子
楊肇昇
孫希文
蔣本
孫兆龍
邵大業琮子順天解元大興籍
雍正十三年乙卯

邵昂霄乙卯拔貢
洪義荊乙卯副榜授州判任山陽縣丞榜姓金

邵昂霄薦舉博學鴻詞

乾隆二年丁巳

鄒嶙綏德知州

施毓暉上思知州

諸昂

岑戩含山知縣

翁寔賜國子監學錄銜

乾隆元年丙辰

岑兆松解元

孫仁錫經魁

施毓暉

鄒嶙順天榜

乾隆三年戊午

乾隆中

童俊丙辰恩貢縣丞

呂法祖歲貢

朱士[illegible]

陸烈戊午副榜

乾隆七年壬戌

孫仁錫

羅襄

盧文弨順天榜

乾隆六年辛酉

胡邦翰

胡則安白水知縣

羅商長沙知縣

謝汝軾

朱象奎

陸烈順天榜

毛師灝大興籍解

高義山己未歲貢

府學

黃用賓辛酉拔貢

張則載壬戌歲貢

戚環溪甲子歲貢

孫熊丙辰歲貢景寧訓導

王希濂丁卯歲貢

姜飛鳳戊辰歲貢

鄒希文庚午歲貢

乾隆十年乙丑

陸烈　新鄭知縣

元

邵自鎮　大興籍

乾隆九年甲子

黃嶽

陳鳴盛

羅廷元　順天榜

周行

乾隆十二年丁卯

謝應雷

乾隆十五年庚午

胡作霖　壬申恩貢

邵元祚　壬申歲貢　建德訓導

諸重光　壬申副榜

徐瑛　癸酉拔貢現任州判

吳濬　甲戌恩貢

蘇恩光　甲戌歲貢

邵廷楷　丙子歲貢

乾隆十七年壬申恩科
盧文弨 探花翰林侍讀學士
胡邦翰 金門通判
乾隆十九年甲戌
黃嶽 慈利知縣

岑兆鋥
朱應 順天榜
孫維龍 大興籍
乾隆十七年壬申恩科
邵世棠
乾隆十八年癸酉
諸重光 起新孫
沈元煇 奠倘子河

方徵蕙 丙子副榜
陳松 戊寅歲貢
符廷銓 歲貢
羅繼章 庚寅歲貢
呂嵒 庚辰副榜現任州判
邵昌運 壬午恩貢
羅文星 壬午歲貢
王立剛 甲申歲貢

乾隆二十五年

南籍甘州知府
乾隆二十一年
丙子
黃璋　現任沭陽知縣
馬乾學　新城教諭
邵陛陞
陳德輝　祁縣知縣
乾隆二十四年
己卯
邵是楠　現任宜平

張羲年　乙酉拔貢　於潛訓導總理浙江遺書局俸滿保舉欽賜國子監助教銜充四庫館纂修官
勞㻶　乙酉副榜
邵承徐　乙酉副榜
黃道　丙戌歲貢
蘇宇濟　戊子歲貢
胡飛青　戊子副榜
陳範　庚寅歲貢

庚辰

諸重光榜眼翰林編修終辰州知府

孫維龍知州

乾隆二十六年辛巳恩科

鄒自鎮之旭子大

訓導

胡澄淵

鄒自華大典籍

鄒庚曾大典籍

謝暹大典籍

乾隆二十五年庚辰恩科

呂世慶順天榜荊州同知

鄒自昌大典籍

諸嵩年大典籍辛卯副榜

沈新壬辰恩貢本姓黃

吳洽壬辰歲貢

何世德甲午歲貢

謝楫甲午歲貢

徐坡府學歲貢

徐照甲午副榜

孫世濂乙未恩

名敘
授
邵廣會之旭孫琥
任刑科
給事中

乾隆二十七年
壬午
邵自悅順天榜大興籍學
何湘順天榜

乾隆三十年乙酉
邵晉涵經魁向榮孫
陳麟書
桑經邦順天榜

貢
黃于周乙酉歲貢
陳古坡丙戌歲貢
黃徵萧丁酉拔貢
徐以垣丁酉優貢
胡明宗戊戌歲貢
史仲節庚子恩貢
案仲節先期考貢給有貢單旋郎物故報部聲明准作貢生

乾隆三十四年己丑
戴求仁

乾隆三十六年

戴求仁大興籍
乾隆三十三年戊子
周洪改名拱
謝柱
邵奎璧宏堂孫順天榜歷城籍
史積容宛平籍
乾隆三十五年庚寅恩科

乾隆三十八年
癸巳
邵晉涵特徵四庫全書纂修授庶吉士

辛卯恩科
邵晉涵會元現任編修
史續容現任禮部主事

邵四搏

乾隆三十六年
辛卯
鄭鉉
茅世蘭
陳燮

乾隆三十九年
甲午

乾隆四十三年 戊戌

邵自昌 大業子傳

翁元圻 解元

陳煦

羅晟

金錦文 順天榜大興籍

乾隆四十二年 丁酉

張羲年 順天榜

臚

欽賜

邵自悅　大業子未殿試

張羲年　試卒

仕籍　附七品以下人繫不及備載

郞佩珩　恭城縣知縣

張禹錫　定州知州

謝　隆安府知府

陳日煇　通判

孫文光　江南廬鳳道

孫必榮　廣信府知府

孫必相　汝寧府知府

徐正愻　重慶府知府

徐艮模　松江府同知

葉星期　知縣

華　度　亳州知州

邵汝賢　泰州知州

邵仲禮　廣安州知縣

徐世霦　生員充貢考授廣西州州同以軍功歷陞晉州知州

湯其昌　泰州知州

倪大成　桐城縣知縣

項　迪　臨川縣知縣

樓　儆　靈川縣知縣以軍功歷陞江西按察司　陳延縉　上猶縣知縣

翁　荊州府同知　翁曰賓　永福縣知縣　俞國泰　泰安州知州

俞望隆　光祿寺署正　朱之光　重慶府知府　宋茂俊　刑部郎中

陳　詰　隴州知州　龔立言　同知　錢　陝西糧道

周翔千　知縣　王謀文　介休縣知縣　史起貞　扶風縣知縣

史在篇　章邱縣知縣　楊紹裘　河池州知州　史大倫　遵義府通判

葉　璐　陝西布政司經歷　嚴作明　襄陽縣知縣　閻人洵　大同縣知縣

朱　雲　瑞州府同知　史知義　池州府通判　史玉節　威州知州

史　湛　湖北同知　史秩宗　監軍道僉事　史完節　石埭縣知縣

餘姚志卷十八

知餘姚縣事唐若瀛修

選舉表二

明

武進士

嘉靖五年丙戌
孫堪會元都督僉事

嘉靖十一年壬辰
毛緒民生歷千戸

嘉靖十四年乙未

武舉
案明代武舉必會試中式始許出身故舊志不載今畧考其三科鄉試中式者載於後

行伍
案武職以行伍爲正途舊志不載今考其閥閲者分載於後

駱尚志官至總兵

胡賢 武生授所鎮撫戰沒於倭

嘉靖二十年 癸丑

孫鈺 堪之子錦衣衛千戶歷都督同知管衛事

槐武 臨山衛舍人授本衛中所鎮撫

嘉靖三十五年 丙辰

槐寅 臨山衛千戶歷四川參將

剛粟 臨山衛百戶歷江防都司

嘉靖三十八年 己未

史金 京營左戰將軍

毛希燧民生授所鎮撫歷官參將

隆慶二年戊辰

汪可大民生歷參將

孫如津鈺之子京衛武學廕

龔歷都督僉事管錦衣衛事

萬歷五年丁丑

周書臨山衛舍人癸酉解元授本所鎮撫

萬歷八年庚辰

嘉靖四十三年甲子

潘栻三辛式

萬歷七年己卯

徐銳三甲式

湯大輅

萬曆十一年癸未

徐世卿臨山衛軍生歷守備

己卯解元東征陣亡案舊志入丙戌

金贊滌鹿衛籍歷德州守備

萬曆十四年丙戌

盧元選仁和籍歷官都司

楊宏吉錦衣衛籍

林之紀臨山衛軍生

祝國泰臨山衛軍生

萬曆十年壬午

丁世美解元

錢如山三式中

萬曆十三年乙酉

楊繼禮

萬曆二十二年甲午

萬歷二十三年乙未
楊仲祥
汪登瑞副總兵
萬歷二十六年戊戌
馬如電臨山衛舍人
萬歷二十九年辛丑
祝應封案舊志失載
萬歷三十五年丁未
徐邦達案舊志失載
萬歷三十八年庚戌

戚斗揚再中式
萬歷三十四年丙午
徐邦達解元

史萬金遊擊遼東陣亡
史舜文守備

胡伯顯 都督僉事

萬歷四十四年 丙辰

胡相 都司

萬歷四十七年 己未

朱應辰 壁廣武營遊擊

天啓二年 壬戌

阮應辰

潘和春 案舊志闕載

天啓五年 乙丑

盧名成 左都督同知

天啓元年 辛酉

徐之俊 參將

施逢源廣東副總兵
朱澄護運副將
朱啓明廣東參將
崇正元年戊辰
符震
崇正七年甲戌
鄭錫蕃總兵
聞人杰總兵
崇正十年丁丑
王貽杰案舊志闕載

崇正十二年己卯

史觀瀾守備

崇正十三年庚辰
徐聞傑遵化籍
崇正十六年癸未
盧瑋臨海籍參將案舊志闕載
史起元

馮士驊
崇正十五年壬午
盧瑋

國朝

順治十二年乙未
鄧一仁侍衛四川勦撫總兵
楊煥斌侍衛都司

順治五年戊子
謝秉
王鉞

趙清泰州守備

順治十五年戊戌

于昌祐

王尚賢案舊志闕載

順治十六年己亥

謝文會元累擢副將統兵征川擊走王輔臣而總兵王好問內叛因被執不屈而死康熙甲子欽賜祭葬案舊志入庚子

順治十八年辛丑

盧大欽

于昌禮

康熙三十九年壬辰

蔣浚

戚揚侍衛

康熙十一年壬子

孫旭

康熙二十年辛酉

張邦祚

康熙三十二年癸酉

蔣錫祉

康熙五十年辛卯

謝璟

陳大章

夏訓蕭縣守備

夏尚奇黃巖守備

張兆炳湖廣副將

韓挺標官至總兵

雍正九年庚戌

孫琮夏狀元天津籍

康熙五十二年癸巳

戚師塘解元

康熙五十三年甲午

張珙杭州籍

雍正

胡九如解元

乾隆三年戊午

盧鏻

張雄會稽籍

乾隆七年壬戌

馬仁勇

華封侍衛雲南楚姚鎮總兵

華祝福建守備

華山鎮江守備

馬仁勇

華封

乾隆六年辛酉

馬仁本

吳大綱

張大壽

周鏞

周霖

華祝錢塘籍

華山錢塘籍

乾隆十三年戊辰
張鵬江南守備
乾隆十七年壬申恩科

乾隆九年甲子
張鵬
乾隆十二年丁卯
沈奏凱
陳大烈
王忠
乾隆十五年庚午
張兆麟
乾隆十七年壬申
龔維翰

張兆麟江蘇都司

周學謙
乾隆十八年癸酉
陳榮發
鄭淇
乾隆二十一年丙子
熊翰飛
乾隆二十四年己卯
吳大勇解元
陳大倫
徐濤

夏攀龍官至總兵

乾隆二十五年庚辰

徐燾

王鼎新

于鍵

乾隆二十五年庚辰

李大懋

張魁

乾隆二十七年壬午

葉景松

黄白球

魏開元

乾隆三十年乙酉

乾隆三十六年辛卯
張景運侍衛廣東都司

張錫三
陳萬全
乾隆三十三年戊子
張景運解元
熊楠
乾隆三十五年庚寅
張賢
魏萬雄
乾隆三十六年辛卯
鄧標

乾隆三十八年甲午

魯萬青

餘姚志卷十九

知餘姚縣事唐

選舉三 附

	封贈文階	封贈武階	恩封	承廕
明	孫銳 以子泓封江西道御史 錢壽甫 以子茂彰贈副史 錢壽華 以茂彰嗣	孫新 以曾孫鉦都督同知加贈榮祿大夫 孫燧 以孫鉦都督同知加贈榮祿大夫		毛勳 以祖吉死節廕錦衣衛千戶原係世襲後勳絕嗣未及續廕 史伯敬 以祖琳廕

父贈
副使
錢友仁
以孫古訓
贈參
政
錢泰恭
以子古訓
贈參
政
陳訓二
以子叔剛
贈吏部
郎中
柴廣茂
以子蘭贈
吏部員
外郎
邵伯亨
以子公陽

歷官
州同
謝正
以父遷
廕中書
舍人歷官禮
部員外郎
謝豆
以父遷
廕中書
舍人歷大理
寺右寺副
謝亘
以父遷
廕歷官
左府
都事
謝敏行
以曾
祖遷
廕尚寶司司
丞歷官太常
寺少
卿

封知州

郜叔芳以子宏譽封廣西道御史

楊源以孫寧贈刑部侍郎

楊昇以子寧贈刑部侍郎

聞人原以子韺封南京山東道御史

陳勝山以子詠贈南京山西道御史

陳孟愷[illegible]貢生授南京詹事府主簿

陳孟熙以祖雍廕官生歷官府同知

孫堪以父燧死節廕錦衣衛千戶歷官都督僉事

孫鉦以祖燧廕錦衣衛千戶歷官都督同知

孫如津以曾祖燧廕錦衣衛千戶歷官都督

楊舜民 以子文琳贈雲南道御史

戚熙 以子灝贈翰林院編修

陳玉成 以子雲贈吏部郎中

魏瑤 以子瀚封湖廣道御史

毛璵 以子吉贈刑部主事

僉事

孫鏌 以祖燧蔭官生授光祿署丞

王守儉 以父華蔭官生歷官運同

王承學 以祖華蔭官生

黃裳 以祖珦蔭國子生授應天府通判

王正億 以父守仁

諸浩以子正封刑部主事
徐淮以子瓚贈南京兵部員外郎
翁深以子遂封大理寺左評事
邵偉以子有良贈潯州知府
史仲昇以孫琳贈都察院右都御史

廕錦衣衛千戶後襲封新建伯
王承恩以祖守仁廕錦衣衛千戶
宋惟明以父冕廕官生歷官前軍都督府經歷
謝用拭以父丕廕恩生授府通判
胡玠以父鐸廕官生

史才以子琳贈都察院右都御史

姜永善以子英封南京吏部郎中

楊宜振以子榮贈工部主事

陳禮序以子謨贈禮部主事

謝原廣以曾孫遷贈少傅兼太子太傅禮部

歷官府同知終長史加三品服俸

陳有年以父克宅廕官生登進士

陳啓孫以祖克宅廕官生歷官府同知

魏宗皋以祖有本廕授都察院僉事

龔衍以祖輝廕授府通判

尚書武英殿大學士

謝瑩　以孫遷贈少傅兼太子太傅禮部尚書武英殿大學士

謝恩　以子遷贈少傅兼太子太傅禮部尚書武英殿大學士

韓熙　以子明贈四川道御史

陳雷　以子箎封府同

呂元　以父本廕中書舍人歷官禮部主事

呂允　以父本廕中書舍人

呂兗　以父本廕國子生歷官知府

呂兌　以父本廕中書舍人歷官禮部主事

呂引基　以祖本廕中書舍人

知又以孫煥加贈左參政

黃瓊以子肅贈工部郎中

聞人詼以子珇贈南京工部郎中

王與準以曾孫華贈禮部右侍郎

王世傑以孫華贈禮部右侍郎又以曾孫守仁加贈新建伯

孫鐄以父陞蔭官生登進士

翁時旦以父大立蔭授南京中軍都督府都事

趙淳卿以父錦蔭任刑部郎中

胡承詰以父正蒙蔭歷官府同知

孫如洵以父鏞蔭

王倫 以子華贈禮部右侍郎又以孫守仁加贈新建伯

黃廉 以子珣封左春坊右諭德

翁賜 以子迪封刑部主事

陳端 以子倫封工部員外郎

毛傑 以子憲贈刑部

鳳生

陳啓端 以父有年廕國子生

沈之鼎 以祖應文廕國子生

史鶴 以父琳廕錦衣衛百戶

史一成 以父萬全廕總旗

王承勳 以祖守仁

主事

徐端以子諫贈大理寺右評事

黃仕仁以子琪贈工部主事

陳信以孫雍贈工部右侍郎

陳頤以子雍贈工部右侍郎

吳用勤以子敘贈

襲封新建伯

王先通以曾祖守仁襲封新建伯

王業泰以高祖守仁襲封新建伯

王貽拭以父業灝襲錦衣衛千戶

南京刑部員外郎以子蕃封

部驌以子封山西道御史

蔡斌以子欽封南京工部員外郎

毛謹以子賔封鄭州

華麟以子璡封河南道御史

張廷玉以子時澤封兵部主事

郎驎以子貴封知府

徐克誼以子守誠封刑部主事

郤有信以子坤贈淦縣知縣

孫溥以孫燧死節贈禮部尚書

孫新以子燧死節贈禮部尚書又以孫陞侍郎考滿進階資政大夫

韓衡以子廉封廣東道御史

王華以子守仁進封新建伯

孫鈇以子清封翰林院編修

徐雲以子天澤贈南京工部主事

宋廷芳以孫冕贈都察院右副都御史

宋璿以子晃贈都察院右副都御史

姜遠以子榮封知縣

謝遐以子丞贈吏部左侍郎兼翰林院學士

倪元質以子宗正贈禮部主事

胡暉以子東皋贈都察院僉都御史

胡宗傑以孫鐸贈

應天府尹

胡悅以子鐸贈順天府尹

汪瑚以子克章贈刑部主事

張偉以子璿贈刑部主事

嚴傑以孫時泰贈廣東叅政

嚴毅以子時泰贈廣

東參政

宗璿以子同芳封知縣

陳昂以孫克宅贈都察院右副都御史

陳理以子克宅贈都察院右副都御史

陳珏以子輔贈知縣

邵文達以子德容封刑部主事又以子德久

加贈工部員外郎

張貴以子懷贈叅議

毛憲原任副使以子文炳進階中憲大夫

毛純以子紹元贈副使

陳廷敬以子煥贈叅政

顧駿以孫遂贈都察院右副都御史

顧蘭 以子遂贈都察院右副都御史

邵震 以子熠封刑部主事

邵蒙 以子煉贈南贛兵備道

張璿 以子達封刑科右給事中

楊鑑 以子撫贈工部主事

史飭 以子鵷贈通判

徐謨 以子子貞封兵部主事

魏璣 以孫有本贈南京大理寺卿

魏鎧 以子有本贈南京大理寺卿

龔璋 以孫輝贈工部左侍郎

龔森 以子輝贈工部

左侍郎
楊策以子大章封刑部主事
孫恩以子鑫贈禮科左給事中
聞人範以子詮贈山西道御史
管琳以子見贈吏科給事中
王守禮以子正思

授刑部郎中
孫鑰　以子應奎封知縣
周璧　以子如底封工部員外郎
徐寶　以子存義封工部員外郎
葉瑨　以子洪贈兵科給事中
吳徵　以子至封刑部

員外郎
邵穆以子元吉封工部主事
陳炫以子塏贈南京吏科給事中
韓棣以子茝贈雲南道御史
呂公瓊以曾孫本贈少保兼太子太傅禮部尚書武英殿大學士

呂公珍 以曾孫本本生曾祖特恩贈少保兼太子太傅禮部尚書武英殿大學士

呂懋 以孫本贈少保兼太子太傅禮部尚書武英殿大學士

呂政 以子本贈少保兼太子太傅禮部尚書武英殿大學士

部薰以子時敏贈錦衣衛經歷

孫燧原任右副都御史死節贈禮部尚書以子陞吏部右侍郎考滿進階資政大夫

錢紳以子應揚封河南道御史

盧斗南以子璘贈知府

黄仕以子齊賢贈知縣

鄭文榮以子寅贈廣西道御史

鄧煉原任江西副使以子基進階中憲大夫

陳輔以子堯封刑部主事

翁銓以孫大立贈南京兵部尚書

翁祚　以子大立贈南京兵部尚書

聞人莊　以子德行封禮部主事

嚴昂　以子中封工部主事

蔣拭　以子坎封兵部主事

葉景賢　以子遐封工部主事

諸曁以子敬之封南京兵部郎中

宋仁以子大武贈知府

徐廣以子一鳴封南京禮部主事

吳徘以子必教封工部主事

金鎮以子蕃封知縣

谷明以子鍾秀贈叅

議

毛邦器以子子翼封知縣

周訓以子仕佐贈南京禮部郎中

趙昺以孫錦贈太子少保都察院左都御史

趙塤以子錦贈太子少保都察院左都御史

邵時順以子漳封

南京刑部主事

張珊以子達贈大理寺左評事

孫煉以子坊贈南京刑部郎中

胡青以子正蒙封翰林院編修

翁鶴以子時器封知縣

楊大綱以子世芳

贈刑部主事，又以子世華贈南京刑部郎中。韓漢以子弼贈兵部主事。周璟以子如斗贈都察院右僉都御史。諸承貞以子瓛贈工部主事。孫陞原任南京禮部尚書，以子鋋覃恩進階資

政大夫

邵德聰以子甄贈知縣

姜應期以子子羨贈副使

張鸞以子孔修贈南京刑部主事

陸鐩以子一鵬贈知府

徐建以子紹卿封兵

部主事

孫友文以子大霖贈刑部郎中

陳璉以子成甫封刑部員外郎

邵丕以子畯贈刑部員外郎

張恆以子茁封左叅政

夏橋以子道南封刑

部郎中

諸仕以子察封僉事

任正以子春元贈江西道御史

葉遜原任工部郎中以子逢春進階奉政大夫

錢秉直以子應斗贈知縣

邵熷以子堪贈石埭知縣又以子堬贈慶陽府

通判

陳孟愷以子三省

贈府同知

蔣坎原任知府以子勸能進階中憲大夫

邵德久以子陛封都察院右僉都御史

沈堯孚以孫應文贈南京大理寺卿

沈譜以子應文封南

京大理寺卿

鄒彥以孫學柱贈左布政使

鄒名以子學柱贈左布政使

鄒鶚以孫堦贈左叅政

鄒大紀以子墀贈左叅政

孫應奎原任副都

御史以子汝
賓進階通議
大
夫
嚴邦顯以子
世昌
封推
官
史杜以子釗
贈翰林
院編
修
陸一龍以子
夢熊
贈南京工
部主事
俞天祥以子
嘉吉
贈南京吏
部主事

管奎以子稷贈兵部郎中

周如漢以子思宸封工部員外郎

黃元齡以子兆隆贈刑部主事

胡華以子時化封江西道御史

葉鳴以子遵封工科給事中

孫守成 以子健贈工部郎中

諸應第 以子大圭贈工部主事

邵灊 以子夢弼贈知州

韓騘 以子子郴本生父馳封推官

毛綱 以子鳳鳴贈知縣

毛懋仁　以子秉光贈知縣

史銓　以子記勳贈知府

陸文華　以子鎮默贈知州

孫堂　以子鈜贈工部員外郎

楊名　以子宏科贈江西道御史

閩人詩以子金和贈知府

孫祖孝以子繼有贈知縣

楊集以子維獄贈刑部主事

陳秉以子贊生贈知縣

陳三省以子治本封南京禮部郎中

沈問以子裕贈廣東道御史
孫鏊以子如游贈翰林院檢討
戴晟以子王言封刑部主事
潘諫以子陽春封工部主事
邵喬松以子文炳贈潛山知縣

蔣勸誠以子一驄
贈太常寺卿
邵仰以子元凱封黃陂知
縣
邵喬松以子穎達
贈全州知州
黃大綬以孫尊素
死難贈太僕卿
黃曰中以子尊素
死難贈太僕卿

施艮心以孫邦曜贈通政使

施時學以子邦曜贈通政使

朱宇道以子錦封楊州知府

陳承善以孫渤贈布政使

陳鵬以子渤封刑部主事贈布政使

蔣勸能　以孫茂浙
贈右參政
蔣一豹　以子茂浙
贈右參政
邵一德　以子應龍
封泉州府推官
胡繼章　以子性仁
贈光祿寺少卿
邵元凱　以子秉節
封太常寺少卿

史重光以子嗣元贈按察司副使

史洪芳以子起賢贈糧儲道

董鎡以子學賢贈知縣

國朝

邵汝賢以子仲禮贈廣安州知州

邵洪節以子大成覃恩

邵金門以孫一仁贈通議大夫

夏少峯以子訓贈

朱坦以子雲贈知縣

朱象基以本生子雲贈知縣

謝文鎬以兄文死難廕守備

褚應美以父百五

贈和平州知州
鄔恩武　以子景從封行人
邵曇錫　以子宏堂贈儀隴知縣
戴廷璽　以子錫綸贈知府
邵炳　以子向榮贈鎮海教諭
沈定國　以子莫尚

守備
張兆勳　以子邦祚贈武德將軍
華國璋　以孫度贈奉直大夫又以曾孫封贈武功大夫
華其揚　以子度贈奉直大夫又以孫封贈武功大夫
華度　宿州知州以子

岑文炳　以孫兆銓贈文林郎
岑鼎秀　以子兆銓贈文林郎
夏道生　以孫宗顯贈奉直大夫
夏文成　以子宗顯贈奉直大夫
任志選　以孫廷宰贈奉直大夫

死難廕守備

贈嘉興
教諭
史在雝 以孫錦貤
贈成都
知縣
史榮節 以子錦贈
成都
知縣
胡維忠 以孫邦翰
贈金門
通判
胡宏志 以子邦翰
贈金門
通判
胡大任 以孫師亮

封贈武
功大夫

任存淳 以子廷宰
封奉直
大夫
陳禹畬 以子延縉
贈文
林郎
錢鏞 以子淳贈巡檢
徐宏輝 以孫焞贈
奉直
大夫
徐宗杓 以子焞封
奉直
大夫
徐宗材 以孫日臨

贈司經局正字胡世則以子師亮

贈司經局正字胡其位以孫則安

贈休寧知縣胡又夔以子則安

贈休寧知縣邵秉徵以孫大業

贈開封知府邵琮以子大業贈開

贈奉直大夫徐燮以子□臨封奉直大夫

楊允燧以孫紹袞贈知州

楊輝祖以子紹袞封奉直大夫

張邦祚以子禹錫贈廣平府通判又贈定州知州

封知府

邵景霄 以子是枏贈教諭

施選 以孫毓暉贈文林郎

施希尹 以子毓暉贈奉直大夫

邵寧遠 以子自勵贈都勻知縣

諸國楨 以子起新

張九錫 以子恭贈亳州吏目

洪濤 以子楠贈南海巡檢

王業朋 以孫謀文贈文林郎

王貽清 以子謀文贈文林郎

嚴愼 以子固贈臨川縣丞

贈翰林院檢討諸先庚以子重光

封編修邵向榮以孫晉涵

贈編修徐景瀚以子世霦

贈修職郎嚴夢鰲以子以振

贈餘杭教諭邵佳鈗以子晉涵

嚴立德以子心期

贈常德經歷邵佐臣以子士正

贈知府黃百家以子千人

贈泰安縣丞徐君卿以子正恩

贈重慶府知府史其義以子積崧

贈番禺巡檢

封編
修
邵大文以子自華
贈任郎
教諭
黃武萬以子璋贈
教諭
邵之旭以孫庚曾
贈御
史
邵自鎮以子庚曾
封御
史
嚴三接以子垓贈

余元春以孫金堂
贈儒
林郎
余文煥以子金堂
贈儒
林郎
沈爾涵以孫炳贈
知
州
沈廷元以子炳贈
知
州
沈廷奎以子煌贈
儒林
郎

桐廬教諭

張文炳　以孫義年贈國子監助教

張見龍　以子義年贈國子監助教

陸睿曾　以子獻猷贈宣平教諭

陳秉彝　以孫德輝贈知縣

陳如煌　以子德輝

葉祖山　以孫潞贈儒林郎

葉國禧　以子潞贈儒林郎

楊緘三　以孫紹震贈儒林郎

楊幹臣　以子紹震贈儒林郎以孫宗奇贈知府

贈知縣
羅德如　以孫奇贈
知縣
羅世民　以子奇贈
知縣
呂[illegible]　以孫岳贈　以州判借補潛江縣丞
呂[illegible]　以子岳贈　以州判借補潛江縣丞

楊紹震　以子宗奇
封知府
史成玉　以子衡贈
祁州吏目

餘姚志卷二十

知餘姚縣事唐若瀛修

列傳一

漢

嚴光字子陵一名遵少有高名與光武同遊學及光武即位乃變名姓隱身不見帝思其賢乃令以物色訪之後齊國上言有一男子披羊裘釣澤中帝疑其

光乃備安車元纁遣使聘之三反而後至舍于北軍給牀褥大官朝夕進膳司徒侯霸與光素舊遣使奉書使人因謂光曰公聞先生至區區欲卽詣造迫於典司是以不獲願因日暮自屈語言光不答乃投札與之口授曰君房足下位至鼎足甚善懷仁輔義天下悅阿諛順旨要領絕霸得書封奏之帝笑曰狂奴故態也車駕卽日幸其館光臥不起帝卽其臥所撫光腹曰咄咄子陵不可相助爲理耶光又眠不應良久乃張目熟視曰昔唐堯著德巢父洗耳士故有志何至相迫乎帝曰子陵我竟不能下汝邪於是升輿

嘆息而去復引光入論道舊故相對累日帝從容問光曰朕何如昔時對曰陛下差增於往因共偃臥光以足加帝腹上明日太史奏客星犯御坐甚急帝笑曰朕故人嚴子陵共臥耳除爲諫議大夫不屈乃耕於富春山後人名其釣處爲嚴陵瀨焉建武十七年復特徵不至年八十終於家帝傷惜之詔下郡縣賜錢百萬穀千斛（後漢書逸民傳）

案後漢書逸民傳錄其絕塵不反旌帛蒲車之所徵賁至而不能屈者以嚴光爲稱首後來地志悉舉爲隱逸之宗然光之大節不當以一端盡之考

諸傳籍答問於王景興則引爲太伯之儔匹訪俗於夏仲御則並徵大禹之遺風東漢節義之盛實肇端於光前賢固有定論矣史傳多設標題始於范蔚宗強事辨章溷爲聯屬掇拾參差進退莫據而沈約魏收諸人皆沿其陋抑何其不審於前史之法也太史公之立傳也儒林以重師承循吏以懷善俗下及貨殖滑稽諸篇意直詞諷各有指歸故不妨一人而兩傳若夫勸懲攸係予奪微權綜覈傳文生平具在多立名目奚爲乎名目既分則士有包洪併纖經緯萬類不名一節者與夫迹似

心違前與後不相符合者斷難以二字之品題賅其全體況夫名之所在爭之所由起也重儒林則文苑爲輕矣進道學則儒林又其次矣子孫請乞權貴删移執簡互爭腐毫莫斷胥蔚宗階之厲也郡縣志之有列傳其體源於華陽之志士女益都之傳耆舊本可無事標題乃或以多設名目爲能臚定甲乙互舉姓名效會計簿之數籌如射策家之類事體乖義裂余甚惑焉餘姚人物之盛詳見前史今以時代爲敘首載嚴光不復强分門類發凡於此識者鑒諸

虞國爲日南太守有惠政出則有雙鴈隨軒及還會稽鴈亦隨焉其卒也栖於墓不去後人以雙鴈名鄉嘉泰會稽志

案漢時人物見於前史者若駟勳敦終始之節伍隆身當白刃濟君於難與大虞光虞成虞鳳虞歆世傳孟氏易皆當時一邑之望而行事不備今莫得而詳也祇行立名之士姓名得見於正史難矣見於史而不詳其行事則鄉黨亦幾泯其姓名好古者所由發憤嘆息於典籍之淪亡也

吳

虞翻字仲翔太守王朗命爲功曹孫策入會稽復命爲功曹待以交友之禮身詣翻第策好馳騁游獵翻諫曰明府用烏集之衆驅散附之士皆得其死力雖漢高帝不及也至於輕出微行從官不暇嚴吏卒長苦之夫君人者不重則不威故白龍魚服困於豫且白虵自放劉季害之願少留意策曰君言是也然時有所思端坐悒悒有裨諶草創之計是以行耳翻出爲富春長策薨諸長吏竝欲出赴喪翻曰恐鄰縣山民或有奸變遠委城郭必致不虞因留制服行喪諸縣皆效之咸以安寧後翻州舉茂才漢召爲侍御史曹

公爲司空辟皆不就翻與少府孔融書并示以所著易注融答書曰聞延陵之理樂覩吾子之治易乃知東南之美者非徒會稽之竹箭也又觀象雲物察應寒溫原其禍福與神合契可謂探賾窮通者也會稽東部都尉張紘又與融書曰虞仲翔前頗爲論者所侵美寶爲質雕摩益光不足以損孫權以爲騎都尉翻數犯顏諫爭權不能悅又性不協俗多見謗毀坐徙丹陽涇縣呂蒙以翻兼知醫術請以自隨舉軍西上南郡太守麋芳開城出降蒙未據郡城而作樂沙上翻謂蒙曰今區區一心者麋將軍也城中之人豈

可盡信何不急入城持其管籥乎蒙郎從之時城中有伏計賴翻謀不行魏將于禁縶在城中權釋之請與相見他日權乘馬出引禁併行翻呵禁曰爾降虜何敢與吾君齊馬首乎欲抗鞭擊禁權呵止之後權於樓船會羣臣飲禁聞樂流涕翻又曰汝欲以僞求免邪權悵然不平權既爲吳王歡宴之末自起行酒翻伏地陽醉不持權去翻起坐權於是大怒手劍欲擊之侍坐者莫不遑遽惟大司農劉基起抱權諫曰大王以三爵之後手殺善士雖翻有罪天下孰知之且大王以能容賢畜衆故海內望風今一朝棄之可

乎權曰曹孟德尚殺孔文舉孤于虞翻何有哉基曰孟德輕害士人天下非之大王躬行德義欲與堯舜比隆何得自喻于彼乎翻由是得免權因勑左右自今酒後言殺皆不得殺翻嘗乘船行與麋芳相逢芳船上人多欲令翻自避先驅曰避將軍船翻厲聲曰失忠與信何以事君傾人二城而稱將軍可乎芳闔戶不應而遽避之後翻乘車行又經芳營門吏閉門車不得過翻復怒曰當閉反開當開反閉豈得事宜邪芳聞之有慙色翻性疏直數有酒失權與張昭論及神仙翻指昭曰彼皆死人而語神仙世豈有仙人

也權積怒非一遂徙翻交州雖處罪放而講學不倦門徒常數百人又爲老子論語國語訓注皆傳於世初山陰丁覽太末徐陵或在縣吏之中或衆所未識翻一見之便與友善終成顯名在南十餘年年七十卒歸葬舊墓妻子得還翻有十一子第四子汜最知名三國志本傳

董襲字元代長八尺武力過人孫策入郡襲迎於高遷亭策見而偉之到署門下賊曹時山陰宿賊黃龍羅周勃聚黨數千人策自出討襲身斬羅勃首還拜別部司馬授兵數千遷揚武都尉從策攻皖又討劉勳

於尋陽伐黃祖於江夏策薨權年少初統事太妃憂
之引見張昭及襲等問江東可保安不襲對曰江東
地勢有山川之固而討逆明府恩德在民討虜承基
大小用命張昭秉衆事襲等爲爪牙此地利人和之
時也萬無所憂衆皆壯其言鄱陽賊彭虎等衆數萬
人襲與淩統步隲蔣欽各別分討襲所向輒破虎等
望見旌旗便散走旬日盡平拜威越校尉遷偏將軍
建安十三年權討黃祖祖横兩蒙衝挾守沔口以栟
閭大紲繫石爲矴上有千人以弩交射飛矢雨下軍
不得前襲與淩統俱爲前部各將敢死百人人被兩

鎧乘大舸船突入蒙衝裏襲身以刀斷兩紲蒙衝乃橫流大兵遂進祖便開門走兵追斬之明日大會權舉觴屬襲曰今日之會斷紲之功也曹公出濡須襲從權赴之使襲督五樓船住濡須口夜卒暴風五樓船傾覆左右散走舸乞使襲出襲怒曰受將軍任在此備賊何等委去也敢復言此者斬於是莫敢干其夜船敗襲死權改服臨喪供給甚厚三國志本傳

虞汜字世洪生南海年十六父卒還鄉里孫綝廢幼主迎立琅琊王休休未至綝欲入宮圖爲不軌召百官會議皆惶怖失色徒唯唯而已汜對曰明公爲國伊

周處將相之位擅廢立之威勢上安宗廟下惠百姓大小踴躍自以伊霍復見今迎王未至而欲入宮如是羣下搖蕩衆聽疑惑非所以永終忠孝揚名後世也綝不懌竟立休休初即位汜與賀邵王蕃薛瑩俱爲散騎中常侍以討扶嚴功拜交州刺史冠軍將軍餘姚侯尋卒三國志注引會稽典錄

虞忠字世方翻第五子貞固幹事好識人物造吳郡陸機於童齔之年稱上虞魏遷於無名之初終皆遠致爲著聞之士交同縣王岐於孤宦之族仕進先至宜都太守忠乃代之晉征吳忠與夷道監陸晏晏弟中

夏督京堅守不下城潰被害三國志注引會稽典錄

虞俊與張溫爲友嘗嘆曰張惠恕才多智少華而不實怨之所聚有覆家之禍吾見其兆矣諸葛亮聞俊憂溫意未之信及溫放黜乃服其先見三國志注

晉

虞聳字世龍翻第六子也清虚無欲進退以禮在吳歷清官入晉除河閒相王素聞聳名厚敬禮之聳抽引人物務在幽隱孤陋之中時王岐難聳以高士所達必合秀異聳書與族子察曰世之取士曾不招未齒於邛園索良才於總猥所譽依已成所毀依已敗此

吾所以嘆息也聾疾俗喪祭無度弟昺卒祭以少牢酒飯而已當時族黨並遵行之昺字子文翻第八子也少有倜儻之志仕吳黃門郎以捷對見異超拜尚書侍中晉軍來伐遣昺持節都督武昌已上諸軍事昺先上還節蓋印綬然後歸順爲濟陰太守抑強扶弱甚著威風三國志注引會稽典錄

虞潭字思奧翻之孫也清貞有檢操州辟從事主簿舉秀才大司馬齊王冏請爲祭酒除祁鄉令徙醴陵令值張昌作亂郡縣多從之潭獨起兵斬昌別率鄧穆等襄陽太守華恢上潭領建平太守以疾固辭遂周

旋征討以軍功賜爵都亭侯陳敏反潭東下討敏弟
讚於江州廣州刺史王矩上潭領廬陵太守綏撫荒
餘咸得其所又與諸軍共平陳恢仍轉南康太守進
爵東鄉侯尋被元帝檄使討江州刺史華軼潭至廬
陵會軼已平而湘川賊杜弢猶盛江州刺史衛展上
潭并領安成太守時甘卓屯宜陽爲弢所逼潭進軍
救卓卓上潭領長沙太守固辭不就王敦叛潭爲湘
東太守復以疾辭弢平後元帝名補丞相軍諮祭酒
轉琅琊國中尉帝爲晉王除屯騎校尉徙右衛將軍
遷宗正卿以疾告歸會王含沈充等攻逼京都潭遂

於本縣招合宗人及郡中大姓共起義軍衆以萬數自假明威將軍乃進赴國難至上虞明帝手詔潭爲冠軍將軍領會稽內史潭即受命義衆雲集時有野鷹飛集屋梁衆咸懼潭曰起大義而剛鷙之鳥來集破賊必矣遣長史孔坦領前鋒過浙江追躡充潭次於西陵爲坦後繼會充已禽罷兵徵拜尚書尋補右衛將軍加散騎常侍成帝即位出爲吳興太守秩中二千石加輔國將軍以討充功進爵零陵縣侯蘇峻反加潭督三吳晉陵宣城義興五郡軍事會王師敗績大駕逼遷潭勢弱不能獨振乃固守以候四方之

舉會陶侃等下潭與鄧鑒王舒協同義舉侃等假潭節監揚州浙江西軍事潭率衆與諸軍幷勢東西犄角遣督護沈伊距管商於吳縣爲商所敗潭自貶還節尋而峻平潭以母老輒去官還餘姚詔轉鎮軍將軍吳國內史復徙會稽內史未發還復吳郡以前後功進爵武昌縣侯邑一千六百戶是時軍荒之後百姓饑饉死亡塗地潭乃表出倉米賑救之又修滬瀆壘以防海抄百姓賴之咸康中進衛將軍潭貌雖和弱而內堅明有膽決雖屢統軍旅而尠有傾敗以母憂去職服闋以侍中衛將軍徵旣至更拜右光祿大

夫開府儀同三司給親兵三百人侍中如故年七十九卒於位追贈左光祿大夫開府侍中如故謚曰孝烈子佗嗣官至右將軍司馬晉書本傳

虞騤字思行潭之兄子也雖機幹不及於潭然而素行過之與譙國桓彝俱爲吏部郎情好甚篤彝遣子溫拜騤騤使子谷拜彝歷吳興太守金紫光祿大夫王導嘗謂騤曰孔愉有公才而無公望丁潭有公望而無公才兼之者其在卿乎官未達而喪時人惜之子谷位至吳國內史晉書附傳

虞喜字仲寧光祿潭之族也父察吳征虜將軍喜少立

操行博學好古諸葛恢臨郡屈爲功曹察孝廉州舉秀才司徒辟皆不就元帝初鎮江左上疏薦喜懷帝卽位公車徵拜博士不就喜邑人賀循爲司空先達貴顯每詣喜信宿忘歸自云不能測也太寧中與臨海任旭俱以博士徵不就復下詔曰夫興化致政莫尙乎崇道敎明退素也喪亂以來儒雅陵夷每覽子衿之詩未嘗不慨然臨海任旭會稽虞喜並絜靜其操歲寒不移研精墳典居今行古志操足以厲俗博學足以明道前雖不至其更以博士徵之喜辭疾不赴咸和末詔公卿舉賢良方正直言之士太常華恆

舉喜爲賢良會國有軍事不行咸康初内史何充上
疏曰臣聞二八舉而四門穆十亂用而天下安巖猷
克闡有自來矣方今聖德欽明思恢遐烈旌輿整駕
俟賢而動伏見前賢良虞喜天挺貞素高尚邈世束
修立德皓首不倦加以傍綜廣深博聞強識鑽堅研
微有弗及之勤處靜味道無風塵之志高枕柴門怡
然自足宜使蒲輪紆衡以旌殊操一則翼贊大化二
則敦厲薄俗疏奏詔曰尋陽翟湯會稽虞喜並守道
清貞不營世務耽學高尚操擬古人往雖徵命而不
降屈豈素絲難染而搜引禮簡乎政道須賢宜納諸

廊廟其並以散騎常侍徵之又不起永和初有司奏稱十月殷祭京兆府君當遷祧室征西豫章潁川三府君初毀主內外博議不能決時喜在會稽朝廷遣就喜諮訪焉其見重如此喜專心經傳兼覽讖緯乃著安天論以難渾蓋又釋毛詩畧注孝經爲志林三十篇凡所注述數十萬言行於世年七十六卒晉書儒林傳

虞預字叔寧徵士喜之弟也本名茂犯明穆皇后母諱故改焉預十二而孤少好學有文章餘姚風俗各有朋黨宗人共薦預爲縣功曹欲使沙汰穢濁預書與

其從叔父日近或聞諸君以預入仕便應委質則當親事不得徒已然預下愚過有所懷邪黨互瞻異同蜂至一旦差跌衆鼓交鳴毫釐之失差以千里此古人之炯戒而預所大恐也卒如預言未半年遂見斥退太守庾琛命爲主簿預上記陳時政所失曰軍寇以來賦役繁數兼値年荒百姓失業是輕繇薄歛寛刑省役之時也自頃長吏輕多去來送故迎新交錯道路受迎者惟恐船馬之不多見送者惟恨吏卒之常少窮奢竭費謂之忠義省煩從簡呼爲薄俗轉相放效流而不反雖有常防莫肯遵修加以王塗未夷

所在停滯送者經年永失播植一夫不耕十夫無食況轉百數所妨不訾愚謂宜勒屬縣若令尉先去官者人船吏侍皆具條列到當依法減省使公私允當又今統務多端動加重制每有特急輒立督郵計今直兼三十餘人人船吏侍皆當出官益不堪命宜復減損嚴爲之防琛善之即皆施行太守紀瞻到預復爲主簿轉功曹史察孝廉不行安東從事中郎諸葛恢參軍庾亮等薦預名爲丞相行參軍兼記室遭母憂服竟除佐著作郎太興二年大旱詔求讜言直諫之士預上書諫曰大晉受命於今五十餘載自元康

以來王德始闕戎兵及於中國宗廟焚爲灰燼千里無烟爨之氣華域無冠帶之人自天地開闢書籍所載大亂之極未有若茲者也陛下以聖德先覺超然遠鑒作鎮東南聲教遐被上天眷顧人神贊謀雖云中興其實受命少康宣王誠未足喻然南風之歌可著而陵遲之俗未改者何也臣愚謂爲國之要在於得才得才之術在於抽引苟其可用讎賤必舉高宗文王思佐發夢拔巖徒以爲相載釣老而師之下至列國亦有斯事故燕重郭隗而三士競至魏式干木而秦兵退舍今天下雖弊人士雖寡十室之邑必有

忠信世不乏驥求則可致而束帛未賁於邱園蒲輪頻轂而不駕所以大化不洽而雍熙有闕者也頃以寇賊未平當須良將又上疏曰臣聞承平之世其教先文撥亂之運非武不尅故牧野之戰呂望杖鉞淮夷作難召伯專征玁狁爲暴衛霍長驅故陰陽不和擢士爲相三軍不勝拔卒爲將漢帝既定天下猶思猛士以守四方孝文志存鉅鹿馮唐進說魏尚復守詩稱赳赳武夫公侯干城折衝之佐豈可忽哉況今中州荒弊百無一存牧守官長非蠻貊之族類即寇竊之幸脫陛下登阼威揚四遠故令此等反善向化

然狠子獸心輕薄易動羯寇未殄益使難安周撫陳川相係背叛徐龕驕黠無所拘忌放兵侵掠罪已彰灼昔葛伯逆道湯獻之牛吳濞失禮錫以几杖惡成罪著方復加戮龕之小醜何足不滅然豫備不虞古之善教剡乃有虞可不為防為防之術宜得良將將不素簡難以應敵壽春無鎮祖逖孤立前有勁敵後無係援雖有智力非可持久願陛下諮之羣公博舉於衆若常局之才必允其任則宜獎厲使不顧命旁料宄猾或有可者厚加寵待足令忘身昔英布見慢恚欲自裁出觀供置然後致力禮遇之恩可不隆哉

誠知山河之量非塵露可益神鑑之慮非愚賤所測然匹夫嫠婦猶有憂國之言况臣得厠朝堂之末蒙冠帶之榮者乎轉琅邪國常侍遷秘書丞著作郎咸和初夏旱詔衆官各陳致雨之意預議曰臣聞天道貴信地道貴誠誠信者葢二儀所以生植萬物人君所以保乂黎蒸是以殺伐擬於震電推恩象於雲雨刑罰在於必信慶賞貴於平均臣聞開者以來刑獄轉繁多力者則廣牽連遠以稽年月無援者則嚴其檟楚期於入重是以百姓嗷然感傷和氣臣愚以爲輕刑耐罪宜速決遣殊死重囚重加以請寬徭息役

務遵節儉砥礪朝臣使各知禁蓋老牛不犧禮有常制而自頃衆官拜授祖贈轉相夸尚屠殺牛犢動有十數醉酒流湎無復限度傷財敗俗所虧不少昔殷宗修德以消桑穀之異宋景善言以退熒惑之變楚國無災莊王是懼盛德之君未嘗無眚應以信順天佑乃隆臣學見淺闇言不足採從平王舍賜爵西鄉侯蘇峻作亂預先假歸家太守王舒請爲諮議參軍峻平進爵平康縣侯遷散騎侍郎著作如故除散騎常侍仍領著作以年老歸卒於家預雅好經史憎疾元虛其論阮籍裸袒比之伊川被髮著書四十餘卷

會稽典錄二十篇諸虞傳十二篇皆行於世所著詩
賦碑誄論難數十篇晉書本傳

卷二十